어디에나 있는 서점
어디에도 없는 서점

양상규 지음

어디에나 있는 서점

어디에도 없는 서점

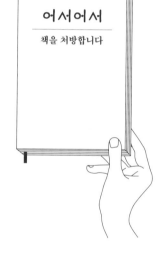

어서어서

책을 처방합니다

블랙피쉬
Black Fish

무언가에 빠지게 되는 동기는 대부분 단순하다. 내가 책에 빠지게 된 이유도 그랬다. 초등학교, 중학교 때는 독후감도 제대로 쓰지 못해서 매번 책 앞이나 뒤에 있는 줄거리를 보고 독후감을 쓸 정도였다. 어쩔 수 없이 읽는 교과서와 만화책과 무협소설만이 내가 읽는 글의 전부였다. 학교에서 삼 킬로미터 떨어진 번화가에 있는 책방에 가서 자율학습 시간에 읽을 만화책과 무협소설을 빌렸다. 두 시간 안에 빌려온 책을 모두 읽어야 했고, 친구들과 돌려보며 읽어야 했기에 이때 활자를 빨리 읽는 능력만은 조금 발달한 듯하다. 대학교를 다닐 때는 군복무를 마치고 복학했더니, 학교 도서관이 신축되어 엄청난 위용을 과시하고 있었다. 호기심에 들어가 책을 몇 권 읽기 시작했는데, 멋진 도서관에 앉아 통유리로 된 열람실에서 책을 읽으니 그제야 진정한 대학생이 된 기분이었다. 그날이 아마 책에 빠지게 된 순간이 아닐까.

졸업하기 전까지 틈만 나면 도서관에 가서 책을 읽고 또 읽었다.

우연히 책에 빠지면서 '나이 들어 책방을 운영하면 좋겠다'라는 막연한 생각을 했는데, 상상보다 젊은 나이에 책방 사장이 되었으니, 잘된 것인지, 계획에 차질이 생긴 것인지는 아직 모르겠다.

인생은 우리가 생각하는 대로 흘러가지는 않다. 우연히 책에 빠지고, 어느 날 책방을 열게 된 것은 내가 쌓아온 하루와 기회가 잘 들어맞았기 때문이라고 생각한다. 기회가 찾아왔는데 준비되어 있지 않았다면, 그 기회는 기다려주지 않고 스치듯 지나가 버렸을 테다. 지금 생각해 보면 그렇게 지나가 버린 기회가 내 인생에 몇 번 정도 있었던 듯하다.

기회를 알아보는 눈과 기회를 놓치지 않는 판단을 기르기 위해 우리는 날마다 열심히 살아가고 있다. 나는 꾸준함이 주는 힘을 믿는다. 꾸준히 가게 문을 열고, 꾸준히 책을 읽고, 꾸준히 좋아하는 일을 하는 사람들을 좋아하고 존경한다. 매일 같은 시간에 커피를 사는 사람들과의 눈인사도 무척 사랑한다.

이 책에는 책방을 시작하는 사람들을 위한 대단한 노하우나 정답이 담겨 있는 것이 아니다. 그저 하루를 꾸준히 살아간 책방 사장의 일상을 담고, 많은 동네 책방 중 하나인 어서어서가 어떻게 경주에서 자리를 잡았고, 어떻게 수익을 내게 되었는지에 대한 이야기를 담았을 뿐이다. 책방 사장의 일상을 통해 동네 책방의 현재 상황을, 자영업의 여러 가지 모습을, 그리고 독자분들이 얻고자 하는 작은 팁을 얻을 수 있기를 바랄 뿐이다.

CONTENTS

제 1장

이제,
시작하는
서점

그런 풍경이 어디에나 있는 게 아니라는 걸 알고 나서도 한참 뒤의 일이었다. 능에 드리우는 계절의 변화를 좀 더 세밀하게 눈치채고, 대릉원 돌담길을 걷기 위해 일부러 길을 돌아가게 되고, 터만 남은 유적지에 감도는 호젓함을 느끼게 된 것은 말이다.

경주는 그대로였다

경주에서 나고 자랐다. 대학교에 들어가기 전까지는 이 도시가 나의 세계였다. 그리고 그 세계는 심심하고 단조롭고, 꽤나 따분했다.

여기저기 소복하게 솟아 있는 능이나 열 걸음이 멀다 하고 나타나는 오래된 유적지가 풍경을 그리는 이 특별한 도시에서 이게 무슨 조상님 벼락 칠 소리냐고? 맞다. 우리나라는커녕 전 세계 어디서도 볼 수 없는 고유한 풍경이다. 하지만 그것도 더 많은 세상을 알고 난 다음에야 비로소 눈에 들어올 뿐 한창 세상이 궁금한 청소년기의 아이가 눈여겨볼 만한 대상이 아니었다. 대릉원을 덮은 잔디의 색이 바뀌었는지, 동궁과 월지에 자란 나무에 꽃망울이 터졌는지, 불국사에는 낙엽이 졌는지는 조금도 궁금하지 않았다. 우리 또래가 궁금해했던 것은 이번 주 인기가요 일등은 누가 할 것 같은지, 어느 노래방이 서비스 시간에 제일 후한지, 몇 년째 소문만 무성한 두발자유화는 도대체 언제쯤 시작되는지, 내일 점심 급식에는 뭐가 나오는지였다. 세간의 화두는 따로 있었고, 지금 당장 눈앞에 닥친 관심사보다 더 중요한 문제는 없었다.

그리고 우리 솔직히 얘기해 보자. 대한민국에서 중학교나 고등학교를 다닌 사람치고 수학여행으로 경주 한번 와보지 않은 사람은 없을 것이다. 그때 특별한 감명을 받았던 중학생 혹은 고등학생 계시는가?

"여기가 천년 고도 경주구나. 그 오랜 옛날에 이런 대단한 축조물을 만들다니. 우리 선조들은 정말 위대해!" 이랬을까? "역사 시간도 모자라 꼭 여행까지 와서 공부를 해야 하는 건가요, 선생님?" "옆 학교는 제주도 간다던데…. 진짜 경주 가요, 우리?" 이쪽이 사실이지 않은가?

경주가 고향인 유시민 작가에게도 어린 시절의 능은 눈 오면 눈썰매를 타는 곳이었다고 했다. 눈이라도 와야 쓸모가 떠오르는, 경주에서 나고 자란 모든 아이들에겐 그저 매일 보는 풍경일 뿐이었다. 부산 아이들에게 바다가 그렇듯이, 제주 아이들에게 오름이 그렇듯이, 서울 아이들에게 지하철이 그렇듯이 우리나라 어디에나 있는 줄 알았던 무서우리만큼 익숙한 배경이었다.

그런 풍경이 어디에나 있는 게 아니라는 걸 알고 나서도 한참 뒤의 일이었다. 능에 드리우는 계절의 변화를 좀 더 세밀하게 눈치채고, 대릉원 돌담길을 걷기 위해 일부러 길을 돌아가게 되고, 터만 남은 유적지에 감도는 호젓함을 느끼게 된 것은 말이다. 황룡사터에 앉아서 책을 읽는 게 카페에서 책을 읽는 것보다 더 좋은 날들이 생겼고, 통학길에는 일 년에 두어 번 쳐다볼까 말까 했던 문화재와 유적지 들을 출퇴근길에는 일부러 자전거에서 내려 느릿느릿 보면서 가는 일이 잦아졌다.

경주는 느린 도시다. 변화랄 게 드물다. 경주는 그대로였다. 달라진 건 나였다.

무릇 책방 사장이라 하면 "잘은 모르겠지만 기억이 나지 않는 어린 시절부터 책에 둘러싸여 있었어요. 텔레비전이나 게임기보다 책 속에서 펼쳐지는 세상이 더 흥미로웠죠"라고 말해야 할 것만 같지만, 그리고 아마도 많은 책방 사장님들이 그러리라 생각하지만, 나는 전역하고 난 다음 스물다섯 살부터 책을 읽기 시작했다.

스물다섯,
시의 세계를 만나다

대학교를 졸업할 무렵 내 머릿속은 두 가지로 가득했다. 사진 그리고 책. 대학교에서는 컴퓨터멀티미디어공학을 전공했는데, 꿈이나 뜻을 품고 선택한 학과는 아니었다. 고등학교를 졸업할 즈음까지만 해도 좋아한다고 할 만한 게 딱히 없었다. 공부를 특출하게 잘하는 것도 아니고, 특별히 좋아하는 게 있지도 않았던 작은 도시의 고등학생이 생각할 수 있는 진학의 폭은 그리 넓지 않았다. 집이 여유로운 편도 아니었기에 대학에 가려면 내 힘으로 학비며 생활비를 충당해야 했다. 멀지 않은 도시에 있는 국립대가 선택할 수 있는 가장 현실적인 답안지였다. 컴퓨터 관련 학과를 선택한 이유는⋯ 글쎄, 멋쩍지만 특별한 이유는 없었다. 막연히 컴퓨터멀티미디어공학이 제일 낫겠다고 생각했다. 초고속 인터넷망이 전국에 급속도로 설치되며 인터넷 보급율이 폭발적으로 성장하던 시기에 청소년기를 보낸 대한민국의 평범한 고등학생이 선택할 법한 자연스러운 전개⋯가 아닐까, 정도로 해두자.

나에게 중요한 건 전공이 무엇인지보다 장학금을 받을 수 있는지였다. 부모님께 지원을 받기 어려운 형편임을 알고도 대학 진학을 강행했기에 장학금은 생존의 문제였다. 성적을 챙기기도 바빴던 와중이지만 할 건 또 다 했다. 과대표도 하고 학생회장 및 동아리 총연합회장도 했다. 대구 삼성라이온즈 팬치고 나를 모르는 사람이 없을 만큼 야구장에 출석 도장도 찍었다. 야구장에서는 엉덩이를 붙이고 앉아 있는 일이 드물었다. 둘째 가라면 서러운 흥부자, 그게 바로 나였다. 하지만 별일 없을 땐 무조건 도서관에 가서 공부를 했다. 친구들도 내가 도서관에 간다고 하면 그냥 공부하러 가나 보다, 자연스럽게 생각할 정도였다.

전공 공부를 하면서 자연스럽게 사진에 빠졌다. 내가 입학한 학교에 컴퓨터학과가 아니라 컴퓨터멀티미디어공학과가 있었던 게 어쩌면 운명이었을까. 전공 수업에서 여러 가지 그래픽 툴을 다루는 법을 배우면서 사진을 공부하게 되었고, 4학년 때 본격적으로 사진 수업을 들으면서 사진의 매력에 흠뻑 빠졌다. 무한한 시간의 찰나를 담은 예술이 주는 감동에 처음으로 눈을 뜬 것이다.

단순함 속에 압축된 폭발적인 메시지에 홀린 듯 끌려 들어가는 마음은 시로 이어졌다. 도서관에 다니며 공부를 하고, 사진집에 빠져 있다가, 그다음으로 눈을 뜬 대상이 바로 시였다. 글이 많지 않고 얇아서 부담 없이 꺼내 펼쳐본 시집 한 권이 대수로울 것 없는 시작이었다.

하지만 몇 자 되지 않는 글의 무게는 남달랐다. 단 몇 문장으로, 때로는 몇 단어만으로 가슴을 덜컥 내려앉게 하거나 눈시울이 뜨거워지게 만들었다. 내 세계를 송두리째 흔들기도 했다. 더구나 군대를 전역하고 돌아왔더니 도서관은 리모델링을 거쳐 멋진 모습으로 탈바꿈한 상태였다. 도서관에 드나들 이유가 하나 더 생긴 것이었다. 함축된 메시지 그리고 아름다운 공간, 그런 것들이 마음에 들어왔다. 십여 년이 훌쩍 지난 지금 이 순간에도 나를 강하게 매료시키는 두 가지다. 돌이켜 보니 그때 세상을 보는 눈이 새로워지고 있었던 듯하다.

대학교를 졸업할 때는 고등학교를 졸업할 때와는 반대로 하고 싶은 게 너무 확실해서 고민할 게 없었다. 사진을 찍어야겠다. 그게 전부였다. 시집으로 시작해 에세이, 소설, 인문서까지 확장하며 도서관에서 수많은 책을 탐독했지만, 부끄럽게도 그게 만화책을 제외하고는 내 인생의 첫 독서였다. 무릇 책방 사장이라 하면 "잘은 모르겠지만 기억이 나지 않는 어린 시절부터 책에 둘러싸여 있었어요. 텔레비전이나 게임기보다 책 속에서 펼쳐지는 세상이 더 흥미로웠죠"라고 말해야 할 것만 같지만, 그리고 아마도 많은 책방 사장님들이 그러리라 생각하지만, 나는 전역하고 난 다음 스물다섯 살부터 시를 포함한 다양한 책을 읽기 시작했다. 드디어 책이 내 인생에서 커다란 자리를 차지하기 시작했으나, 즐길거리에 그쳤다. 언젠가 나만의 작은 서재를 갖게 될까? 어쩌면 사람들이 찾아오는 책방을 차릴 수도 있을까? 이런 생각들은 그때까지만 해도 그저 뜬구름 잡는 몽상일 뿐이었다.

시에 담긴 단순함 속에 압축된 폭발적인 메시지에
홀린 듯 끌려 들어갔다

앞으로 뭘 하든 경주에서 하고 싶다는 마음이 뚜렷해졌다. 스무 살 언저리부터 이십 대 후반까지는 많은 이들이 그러하듯 나 역시 서울 라이프를 꿈꿨다. 대학을 졸업할 때부터 직업을 바꿀 때마다 서울로 거처를 옮기는 것을 고려했지만 번번이 생각에 그쳤다. 반면 경주가 조금씩 달리 보이기 시작했다. 어렸을 때는 보이지 않았던 경주의 아름다움과 경주만의 특색이 눈에 들어왔다.

사진기사, 새마을금고 직원,
댄스 강사 그리고
현대차 협력 업체 직원까지

사진을 찍어야겠다, 이 생각 하나로 졸업하자마자 무턱대고 경주의 한 웨딩숍을 찾아갔다. 열정을 가득 담은 눈빛을 초롱초롱 빛내던 나를 채용한 곳에서 열심히 사진을 찍은 지 2년, 사장님이 중국 진출을 선언했다. 나는 중국에 함께 가지 않겠느냐는 사장님의 제안을 거절했다. 경주에 남고 싶었다. 이상하다, 분명 떠나고 싶었던 곳이었는데. 경주를 대하는 마음이 달라지고 있었다.

몇 가지 패턴이 반복되는 웨딩 사진에 회의감이 밀려온 것도 영향을 미쳤으리라. 새로운 사진을 시도하기가 어려운 환경이었다. 사진을 찍어야겠다고 굳게 마음먹었던 이 년 전의 내가 원하던 바가 아니었다. 사회생활 이 년 차, 현실이라는 틀에 맞춰 꿈도 다듬을 줄 알게 되었을 즈음이었다. 안정적인 직업을 바랐다. 두 번째 직장이었던 새마을금고는 그런 면에서 완벽해 보였다.

반전이라면 내가 다닌 새마을금고는 우리가 '은행' 하면 떠올리는 이미지와 거리가 멀었다는 사실이다. 문자 그대로 읍내에 있는 커다란 공동 '금고'에 가까웠다. 실제로도 새마을금고는 은행이라 일컬어지는 일반 금융기관과는 태생과 성격이 조금 다르다. 지역에서 소규모로 조직한 신용조합이 그 시초로 당시 새마을금고는 지역 개인사업자가 소유하고 운영하는 은행이었던 것이다. 그 후 중앙회가 생기는 등의 변화로 차차 은행과 같은 시스템을 구축했다고 들었지만 그때는 달랐다. 내월급도 은행원처럼 많지 않았다. 무엇보다 큰돈을 맡겨둔 오래된 지역 유지분들이 연로하셔서 은행에 맡기는 돈보다는 찾아가는 돈이 훨씬 많아졌다. 어르신들의 자녀들이 한 번씩 와서 목돈을 출금해 갔다. 은행 자산이 점점 줄어드는 모습이 마치 은행의 남은 수명을 알리는 듯했다.

일은 재미도 있었고 의외로 적성에도 잘 맞았다. 대기 번호의 차례를 알리는 전광판이 쉴 새 없이 띵동! 띵동! 울리고, 쫓기듯 키보드를 두드리는 소리와 ATM의 기계적인 안내 멘트가 가득한 보통 은행의 사무적이고 차가운 이미지와는 거리가 멀었다. 항상 오는 분들만 오시고, 그분들의 볼일도 거의 거기서 거기였다. 수많은 은행 지점들은 저마다 목표하는 바와 맞춰야 하는 실적이 조금씩 다를 텐데, 내가 근무했던 새마을금고는 어르신들 한 분, 한 분을 기억하고, 그분들의 스타일에 맞춰 척척 알아서 움직이는 '손님 맞춤 응대 서비스'가 핵심 업무였다.

어르신들은 지점에 들어오면 정말 아무것도 안 했다. "오만 원만 찾아 도!" 더도 덜도 없는 명료한 요구 사항 한마디가 전부. 손님께서 맡겨둔 통장을 찾아 입출금 전표에 '오만 원 출금'이라고 쓰고, 전표를 입력해 현금을 드리는 것까지가 모두 개인 비서… 아니, 새마을금고 직원인 나의 일이었다. 과연 OTP는 명함도 못 내미는 얼굴 인식 시스템이었을지니! 각종 금융 사기가 날로 진화하는 지금 생각하면 실소를 금치 못할 풍경이다. 하지만 문제없이 잘 돌아갔고, 그중에서도 나는 할머니들 전담 마크로 명성을 드높였다.

새마을금고 직원들의 임무 중 하나로 찾아가는 서비스도 빠뜨릴 수 없는데, 혼자서 장사를 하시는 분들은 가게를 비워두고 은행 볼일 볼 시간을 내기가 영 만만찮은 경우가 많기 때문이다. 수금 담당 직원은 날마다 그런 분들을 일일이 찾아다니며 적금할 돈을 수금해 왔다. 수금 담당 직원이 휴무일 때는 종종 내가 그 업무를 대신했다. 그러다가 수금하러 간 식당에 손님들이 갑자기 몰려 서빙을 도와드리기도 했고, 부엌에 들어가 재료 손질까지 한 날도 있었다. 한 무리의 점심 손님들이 정신이 쏙 빠질 정도로 북적북적 들어왔다 나가고 나서야 내가 새마을금고 직원이라는 걸 상기한 사장님이 일을 도와줘 고맙다며 한 상 소담하게 차려주시면 성의를 받는 정도로만 맛있게 먹고 밝은 기분으로 사무실로 돌아오곤 했다.

일도 재미있었고, 일반 은행과는 좀 다르지만 안정적인 직업이었다. 하지만 내가 원하던 일은 아니었다. 졸업할 때의 마음이 다시 슬그머니 고개를 들었다. 하고 싶은 일을 해야겠다는 생각이 다시 머릿속을 채우기 시작한 것이다. 이직을 준비하며 청소년기에 갈고닦은 댄스 실력을 바탕으로 댄스 강사 일도 잠깐 해보고, 은행을 그만두고 나서 다른 회사도 이 년 더 다녔다. 이십 대부터 삼십 대 초까지는 바야흐로 진로 탐색의 시간이었다.

두 번째로 들어간 직장은 현대자동차 협력 업체의 인사관리

팀이었는데, 은행을 그만둘 때도 마찬가지였지만 두 번째 회사를 그만둘 때 부모님이 특히 못마땅해하셨다. 서른이나 먹은 아들이 한 번뿐인 인생 재밌게 하고 싶은 거 하면서 살겠다니, 일평생 게으름이라고는 모른 채 장사로 생계를 유지하며 가족들을 돌보고 먹이는 데 부지런하셨던 부모님께는 씨알도 안 먹힐 소리였다.

"놀고 있네. 인생이 재밌나? 니는 인생을 재미로 사나?"

솔직히 대기업의 안정적인 협력 업체였던 두 번째 직장을 그만둘 땐 나조차도 이 선택이 맞는 걸까, 불안했다. 하지만 결정을 더 미룰 순 없었다. 두 번째 직장을 그만두는 데는 외부적인 요인도 작용했다. 회사 내부에서 발생한 불미스러운 일로 관련 부서에 책임을 물었다. 억울한 상황이었지만 별다른 타개책이 없었다. 감봉 등의 징계가 예상되었으나 장기적으로 보면 안정적인 회사를 당장 그만둘 만한 이유는 아니었다. 회사를 박차고 나온 것은 내 안의 이유가 컸기 때문이다. 회사원의 삶에 뿌리를 내리기엔 하고 싶은 일들이 너무 많았다. 월급이나 나이가 발목을 잡을 만큼 많지 않았다는 점도 나를 부추겼다. 둘 중 어느 것이라도 그때보다 훨씬 많았다면, 미래가 보장되지 않은 어떤 일을 선뜻 벌이기가 어려웠을지도 모른다.

짧지 않은 시간 동안 여러 일을 해보면서 대학교를 졸업할 무렵 가졌던 막연한 꿈들이 정제되었다. 꿈이나 혹은 다른 것으로 남겨둘 것들 그리고 해볼 만한 일과 해야 할 일이 조금씩 분명해졌다. 서점은 후자였다. 수십 년 뒤의 먼 미래로 미뤄둘 이유가 하등 없었다. 조금이라도 젊고 자신감이 있을 때, 좋아하는 일을 하면서도 잘살 수 있다는 것을 보여주고 싶었다.

또 한 가지 선명해지는 바가 있었다. 앞으로 뭘 하든 경주에서 하고 싶다는 마음이 뚜렷해졌다. 스무 살 언저리부터 이십대 후반까지는 많은 이들이 그러하듯 나 역시 서울 라이프를 꿈꿨다. 대학을 졸업할 때부터 직업을 바꿀 때마다 서울로 거처를 옮기는 것을 고려했지만 번번이 생각에 그쳤다. 반면 경주가 조금씩 달리 보이기 시작했다. 어렸을 때는 보이지 않았던 경주의 아름다움과 경주만의 특색이 눈에 들어왔다. 마침 황리단길에 색깔 있는 가게들이 하나둘 들어서고, 국내 여행이 활발해지면서 타지 사람들이 경주에 많이 드나들기도 했다. 오랜 세월 천년의 고도라는 고아한 틀에 갇혀 있던 경주에 조금씩 변화의 기운이 스며들었다. 오랫동안 나이 지긋한 어른들이 살기 좋았던 도시에, 젊은 친구들도 누릴 수 있는 문화의 물꼬가 꿈틀댔다. 그 시작점에서 나도 뭔가를 할 수 있을 듯했다.

아니, 출발선에 함께 서고 싶었다.

　폭발적인 붐이 일며 등장하는 '○리단길'이 으레 밟는 전철을 황남동도 그대로 따르는 일은 없길 바랐다. 초기의 특색 있는 장소들이 사라지고 어디에나 있는 먹거리와 어디에나 있는 오락거리만 남는 곳이 되지 않도록, 경주의 콘텐츠를 자연스럽게 녹여낸 장소로 오래오래 이 자리를 지키고 싶었다. 이 도시를 사랑하는 사람으로 저 아름다운 경주 그 자체를 후손들에게 잘 물려주고 싶은 마음이었다. 마침 경주에는 큰 서점이 없었다. 책을 오프라인 서점보다 온라인 서점에서 사는 일이 보편적이라는 점은 경주에서나 다른 어느 도시에서나 마찬가지가 아니겠느냐만은 책만큼은 만져보고, 들어보고 사야 한다고 생각하는 바다. 내 꿈을 이룰 곳은 경주였다.

　솔직해지고 싶은 마음에 덧붙이자면, 무엇보다 상상만 해도 그 장면이 멋질 것 같았다. 젊은 남자 사장이 책을 읽고 있는 소담하고 아늑한 책방. 그나저나 최근 방영한 드라마 때문에 책방의 젊은 남자 사장에 대한 기준이 너무 높아진 것 같다. 이제 더 이상 그 어느 책방 사장도 멋져 보이지 않으면 어떡하지… .

가게든 집이든 주인과 연이 닿아야 제때 운명처럼 만날 수 있다고 믿는 편이다. 어서어서가 문을 연 이곳이 그랬다. 마침 대학가에 새로이 개발이 이루어지면서, 은화수 식당이 있던 동네 건너편으로 대학가의 중심지가 이동하는 분위기가 생겨나고 있었다. 대책을 세워야 할 시점이었다.

은화수 식당을 거쳐
어디에도 없는 서점으로

　서점을 해야겠다는 생각으로 회사를 나오긴 했지만, 아직 두 발이 모두 땅에서 떨어질 정도는 아니었다. 동네 서점의 매출 장부가 대체로 장밋빛이 아니라는 것 정도는 알고 있었다. 불안정한 수입에 흔들리지 않고 서점을 운영하려면 어느 정도의 자본을 갖추어야 한다는 판단이 섰다.

　일단은 장사를 해보자는 계획을 세웠다. 운명처럼 부산에서 아주 괜찮은 식당을 발견했다. 휴일을 맞아 부산으로 여행을 간 어느 여름날이었다. 함께 간 친구와 점심 먹을 장소를 찾던 중 언젠가 인스타그램에서 봐둔 은화수 식당이 떠올랐다. 식사 때가 되어 가볼 만한 식당을 검색하는데 마침 은화수 식당이 가까운 데 있었다. 입구부터 빨간색 페인트로 칠한 작지만 강렬한 인상의 식당이었다. 하와이와 일본을 반반 섞어놓은 듯한 아기자기한 내부 인테리어도 아주 마음에 들었다. 무엇보다 음식이 맛있었다. 하와이돈가스라는 이름은 또 어떤가! 몸은 여기에 있지만 이 귀여운 가게에서 돈가스를 주문하고, 기다리고, 먹는 내내 하와이에 여행을 온 듯 들뜬 기분이 이어졌다. 깔끔하고 귀여운 음식도 인상적이었다. 하와이돈가스 위에는 구운 파인애플이 올라가 있었는데 둘은 환상적인 조합으로 최상의 맛을 만들어냈다. 깔끔하게 매콤한 일본식 카레는 먹는 내내 식욕을 돋웠다.

그 인상적인 맛을 잊지 못해 경주에 돌아와 하릴없이 한 번씩 은화수 식당을 검색해 보다가, 가까운 포항에 은화수 식당 분점이 있다는 정보를 보고, 당장 달려가 다시 맛을 보았다. 분점도 본점과 같은 맛을 낸다면 나도 다른 분점을 운영해 보고 싶다는 생각을 했다. 결과는 완벽했다. 본점과 비교해 조금도 뒤떨어지지 않는 맛이었다. 포항점 사장님과 한참 동안 깊은 이야기를 나누고, 본점 사장님과 통화를 했다. 직접 얼굴을 보고 해야 할 이야기였다. 다시 부산으로 향했다. 본점에서 두 분 사장님을 만나 내 이야기를 있는 그대로 전했다. 순탄한 시작은 아니었다. 부산에 있는 본점이 오랜 시간에 걸쳐 견고하게 자리를 잡고 지점이 늘어나면서 이제는 전라도나 서울에서도 은화수 식당을 만날 수 있지만 그때까지만 해도 분점을 시작한 지 얼마 되지 않았을 때였다. 그나마 몇 되지 않는 분점 가운데 한 군데를 제외하고는 모두 부산에 있었다.

체인점 관리 시스템을 아직 체계적으로 확립하지 않았던 두 분 사장님은 분점을 늘리는 데 무척 조심스러운 마음을 비쳤다. 부산 이외 지역을 커버하기에는 배송 시스템도 자리가 덜 잡혔고, 그 밖의 시스템도 아직 구축 단계라 우려되는 바가 많아 되도록 다른 지역에는 분점을 내지 않으려고 한다고 했다. 포항에서 운영 중인 분점이 나에게는 실낱 같은 희망이었다. 포항과 경주 사이의 거리가 그리 멀지 않으니, 조금만 궁리를 하면 두 지역을 함께 관리하는 게 어렵지 않을 거라고 두 사장님을 설득하는 데 성공해 운 좋게도 은화수 식당 체인점을 경주에서 열게 되었다.

식당은 꽤 잘됐다. 무엇보다 내가 부산에서 먹고 반했던 은화수 식당의 주메뉴인 돈가스와 카레가 맛있어서 단골손님이 많이 생겼다. 자리도 좋았다. 학생들이 많이 오가는 대학가라는 점과 젊은 친구들이 좋아하는 메뉴라는 점, 음식이 맛있고 분위기가 좋고 가격이 합리적이라는 점이 잘 맞아떨어졌다. 전문화한 프랜차이즈 식당은 아니었지만, 손님들에게 증명된 메뉴를 판매하는 식당의 분점을 냈다는 점에서 초기의 수고를 많이 덜 수 있었다. 처음부터 메뉴 선정은 물론 주재료나 완제품 소스의 유통, 인테리어 등이 정해진 상태였기에 큰 어려움 없이 안정적인 궤도에 오를 수 있었다.

식당을 운영하는 것과 서점을 운영하는 것에는 각각 장단점이 있는데, 식당을 운영할 때가 의외로 조금 더 자유로웠다. 겉으로는 분주하게 음식을 만들고, 서빙하고, 계산하는 식당 일보다 주인이 대체로 한가하게(?) 책을 읽고 있는 걸로 보이는 서점 일이 훨씬 더 여유롭고 자유로워 보이지만, 실상은 그렇지 않다. 서점은 책을 정리할 때나 계산할 때, 손님이 하는 질문에 대답할 때 빼고는 특별히 하는 일이 없어 보일지도 모르나, 보이는 것이 전부는 아니다. 하루에도 수십 권씩 쏟아지는 책 가운데 어떤 책을 몇 권이나 입고할지 정하고, 거래처마다 주문서를 넣고, 서점에 도착한 책 택배 박스를 열어 정리하고, 알맞은 자리에 놓고, 판매량을 관찰하며 손님들의 반응을 살피는 일은 대체로 눈에 잘 띄지 않는다. 매일 들어오는 수많은 책을 다 읽기는커녕 제대로 파악하는 데 드는 정신적 노동만 해도 보통이 아니다.

이에 관해서는 나중에 더 자세히 이야기하겠지만, 업무의 성격을 차치하더라도 무엇보다 정해진 식사 시간에 집약적으로 일을 하고 나머지 시간은 내 일정에 맞춰 운용할 수 있는 식당 일이 하루 종일 일터에 매여 있는 서점 일보다 훨씬 더 자유롭다. 식당을 운영할 때는 오랫동안 함께 손발 맞춰 일하며 가게 사정을 잘 꿰고 있는 직원에게 하루 이틀 정도 식당을 맡겨두고 개인적인 볼일을 볼 수도 있었지만, 매번 다른 책이 들어오고 다른 손님이 찾아오는 서점에서는 어려운 일이다.

연중무휴로 운영했던 은화수 식당과 달리 어서어서를 운영하면서 매달 마지막 주 월, 화, 수, 삼 일을 휴무일로 정한 이유도 그 때문이다. 독자들에게 세상을 만나는 새로운 시선을 소개하고, 사람들이 원하는 공간과 손님들이 기대하는 트렌드를 만족시키기 위해서는 많이 읽고, 열심히 보고 듣고, 부지런히 여행하는 일이 필수다. 식당을 운영하면서도 내 안에 그런 것들을 채우기 위해 틈틈이 시간 나는 대로 전국을 누볐고, 지금은 한 달에 삼 일인 휴무일에 압축적으로 새로운 생각을 만드는 것들을 찾아다니고 있다.

서점에 대한 꿈을 마음 한구석에 품고, 틈나는 대로 이곳저곳을 다니며 세상을 보는 눈을 넓혀가며 식당 운영에 매진한 지 삼 년쯤 되었던 어느 날, 친하게 지내는 형님이 연락을 했다. 황남동에 괜찮은 자리가 하나 났는데, 혹시 은화수 식당 경주 2호점이나 다른 식당 해볼 생각 없냐고. 형님은 내가 식당 말고 다른 걸 하려고 궁리하고 있다는 건 짐작도 하지 못했다. 아직 황리단길이라는 단어가 생기기도 전이었다. 대릉원 서쪽은 인도도 대릉원 쪽으로 하나밖에 나지 않은 데다가 폭이 좁은 도로를 차가 양방향으로 지나다녔다. 생뚱맞게도 이곳과 전혀 어울리지 않는 어느 브런치 식당이 길모퉁이에 생기면서 식사 때면 낯선 사람들 무리가 이 길을 드나들기 시작했다는 이야기를 들은 지 얼마 되지 않았을 때였다. 브런치 식당을 포함해 손에 겨우 꼽을 만큼의 가게들이 문을 열었을 뿐, 인도가 없었던 이쪽에는 여전히 문을 닫아놓은 창고, 실비집, 선술집, 점집 등 젊은이들의 발걸음이 닿을 일 없는 오래되고 낡은 건물들이 줄지어 있었다. 지인이 소개한 자리가 그중 하나였다.

가게든 집이든 주인과 연이 닿아야 운명처럼 만날 수 있다고 믿는 편이다. 어서어서가 문을 연 이곳이 그랬다. 마침 대학가에 새로이 개발이 이루어지면서, 은화수 식당이 있던 동네 건너편으로 대학가의 중심지가 이동하는 분위기가 생겨나고 있었다. 대책을 세워야 할 시점이었다. 마음 한구석에 서점의 꿈을 품은 채 부지런히 읽고 보았던 것들이 내 안에 꽤 쌓였을 무렵이었다. 소개받은 자리도 마음에 들었다. 기존에 형성된 상권 없이, 경주 출신 청년들과 여러 지역에서 모여든 청년들이 저마다의 내공을 뽐내며 꾸린 가게가 전에 없던 문화를 만들어내고 있었다. 월세 또한 지금과는 비교도 안 될 만큼 저렴했다. 여기였다. 하지만 당장 식당 문을 닫을 수는 없었다. 서점이 자리를 잡을 때까지, 식당 운영 방안을 결정할 때까지 우선은 두 군데를 왔다 갔다 하며 함께 관리하기로 마음먹고 가게를 계약했다.

제 2장

무엇이든,
직접 만들어내는
서점

그러나 이 자리에 만화방이 있었던 것은 칠 년 전의 일이고 직전에는 창고로, 그보다 앞서는 액세서리 가게가 이곳에서 손님을 맞았다. 창고로 쓸 때야 별다른 인테리어나 장식 따위를 고려하지 않았을 터, 손이 바뀌었던 곳답지 않게 액세서리 가게로 운영할 당시의 것으로 추정되는 몇몇 화려한 장식들이 빛바랜 채로 요란하게 모습을 드러냈다.

여기가 바로
종이 장사할 터

"호호호호, 책방을 한다고? 내도 여기서 종이 장사해가 재미 마이 봤어요. 총각도 잘될끼라."

운명이었을까, 아님 우연이었을까? 내가 계약한 가게 주인 내외분이 그로부터 칠 년 전까지 이 자리에서 만화방을 운영했다는 사실은. 그렇다. 그 옛날 만화방이다. 독특한 콘셉트로 무장한 개성 있는 요즘 만화방 말고 20세기와 함께 역사 속으로 사라져버린 그 옛날 만화방.

피시방을 제외하고 21세기 젊은이들의 오락을 논할 수 없듯이 20세기의 만화방 역시 그랬다. 한때는 만화방이 만화책을 볼 수 있는 유일한 공간이었다. 만화책을 만화책 전문 서점이나 만화방에서만 팔았기 때문에 만화를 보려면 만화방에 가야만 했던 것이다. 1900년대 중후반에 생기기 시작해 본격적인 부흥기를 걷다가 새로운 세기의 시작과 함께 자취를 감추어버린 만화방은 단지 만화를 보는 장소일 뿐만 아니라 일종의 멀티엔터테인먼트 공간이기도 했다.

별다른 오락거리가 없던 시절, 어린이와 청소년은 물론 어른들 중에서도 상당수가 참새가 방앗간에 들르듯 뻔질나게 만화방에 드나들었다. 간단한 군것질거리를 팔다가 한 끼 때우기 든든한 먹거리를 가져다 놓았고, 쇠퇴기와 맞물려 일반 단행본 대여와 비디오 대여를 겸하는 등 운영 형태가 변화하기도 했지만, 만화방 하면 머릿속에 떠오르는 비슷비슷한 이미지를 크게 벗어나지 않는 만화방들 가운데 하나가 이곳에 있었다. 누군가에게는 평생을 일군 자식 같은 만화방이었을 테고, 누군가에게는 막판에 뛰어들어 자신이 시류를 너무 몰랐음을, 시장을 잘못 파악했음을 뒤늦게 깨닫고 쓰라린 마음으로 정리한 아픈 자영업의 역사로 남은 만화방이었을 터다.

십여 년간 만화방을 운영하며 자녀를 먹이고 공부시켰다는 주인 내외분의 해사한 웃음인즉, 그들에겐 좋은 마무리였던 걸로 보였다. 아니면 자리 주인 특유의 자부심이었을까. 여기가 아주 물장사 터야. 여기는 밥장사만 했다 하면 돈을 긁어모으잖아. 우리 집이 자리가 좋아. 여기서 다들 돈 벌어 나갔다니까. 여기 들어와서 다들 결혼하고, 애 낳고, 더 좋은 집 사서 나갔어요, 같은 말들. 모름지기 사람은 자신이 기억하고 싶은 것 위주로 기억하는 탁월한 기억 편집 기술을 가지고 있고, 으레 신혼부부들은 작은 집에서 시작해 아이를 낳고 키우며 집을 조금씩 늘려가기 마련이며, 잘되면 제 탓 못되면 조상 탓이라는 속담은 이러한 현상의 보편성을 뒷받침한다. 고로 임대인의 그러한 영업 멘트 또한 적당히 걸러 듣는 것이 좋겠으나 설레면서도 긴장된 출발선에 선 이들에겐 어쩐지 알면서도 속고 싶은, 아니 믿고 싶은 기분 좋은 홍보 메시지다.

근처에 있는 공업고등학교 학생들이 주인 내외분이 운영하던 만화방의 매상을 짭짤하게 올려주던 단골손님들이었으리라. 대도시에 비해 놀거리가 다양하지 않고, 새로운 오락거리가 등장해도 경주까지 오는 데는 얼마간 시간이 필요했다. 세상의 속도를 따라가기가 벅찬 작은 동네라서 덕분에 더 오래 살아남을 수 있는 존재들이 몇 있다. 그 더딤이 그들에겐 완충장치가 되기도 한다. 나만 해도 대학생이 되어서까지도 새벽

기차나 새벽 버스를 탈 때, 시간이 애매하게 뜰 때 가장 만만하게 들어갔던 곳이 만화방이었다. 차 시간에 맞춰 새벽같이 일어날 자신은 없고, 멍하니 기다리기엔 꽤 긴 시간. 밤중에 조용히 시간을 보낼 수 있는 몇 안 되는 곳이었다. 재미있는 만화책 몇 권이면 짧지 않은 시간도 금방 갔다.

그러나 이 자리에 만화방이 있었던 것은 칠 년 전의 일이고 직전에는 창고로, 그보다 앞서는 액세서리 가게가 이곳에서 손님을 맞았다. 창고로 쓸 때야 별다른 인테리어나 장식 따위를 고려하지 않았을 터, 손이 바뀌었던 곳답지 않게 액세서리 가게로 운영할 당시의 것으로 추정되는 몇몇 화려한 장식들이 빛바랜 채로 요란하게 모습을 드러냈다.

만화방, 액세서리 가게를 거쳐 창고로 사용하던
곳을 계약했다. 꿈에 그리던 서점의 시작이다.

그런데 셀프 인테리어에 이제 막 도전장을 내미는 사람들이 간과하는 바가 있다. 셀프 인테리어를 시작하기 전 '셀프 철거'를 해야 한다는 사실. 이 엄청난 작업을 예상치 못하기는 나도 마찬가지였다.

셀프 홈 인테리어에서
셀프 숍 인테리어까지

셀프 인테리어는 이제 몇몇 금손들만 도전할 수 있는 특별한 영역이 아니다. 검색창에 '셀프'를 입력하면 '셀프 인테리어'가 언제나 네다섯 번째나 대여섯 번째에서 앞서거니 뒤서거니 할 정도로 많은 이들이 관심을 가지는 주제다. 실내 시공 전체를 아우르는 셀프 인테리어를 너머 셀프 몰딩, 셀프 가벽, 셀프 도배, 셀프 타일 시공 등등이 연관 검색어에 뜰 만큼 이 분야는 날로 진화를 거듭하고 있다. 그런데 셀프 인테리어에 이제 막 도전장을 내미는 사람들이 간과하는 바가 있다. 셀프 인테리어를 시작하기 전 '셀프 철거'를 해야 한다는 사실. 이 엄청난 작업을 예상치 못하기는 나도 마찬가지였다.

내가 셀프 인테리어의 첫 삽을 뜬 것은 그보다 몇 년 전, 우리 집에서였다. 부모님과 함께 살던 집은 2층짜리 주택으로, 우리 가족이 1층에 살고 2층에는 다른 가족이 세를 들어 살고 있었다. 재계약 시기가 되었는데 다음 세입자가 구해지지 않은 상황에서 2층 사람들이 집을 뺐다. 전셋값을 줘야 하는데 집안 사정이 빠듯했다. 독립을 준비하며 모아둔 돈을 급한 대로 빌려드렸다. 2층에 살던 사람들이 이사를 나가고 며칠, 몇 달이 지나도록 좀처럼 다음 세입자가 나타나지 않았고, 독립은 차일피일 미뤄졌다.

"빌린 전셋값을 줘야 하는데, 여윳돈이 없네. 세입자도 안 나타나고…. 고마 니가 2층에 살아라."

이렇게 될 줄 알고 그리신 큰 그림은 아니었겠지만, 뭐… 자연스럽게 그렇게 됐다. 독립인 듯 독립 아닌 독립이었으나 처음부터 세를 놓을 생각으로 지은 집이라 현관도 따로 설치되어 있었다. 분가는 분가였다.

어딘가 익숙한 공간이었지만, 처음 가진 나만의 집이었다. 오롯이 내가 원하는 대로 꾸밀 생각에 들떠 셀프 인테리어 시공에 돌입했다. 아니, 철거에 돌입했다. 왜 미디어에서는 벽지에 풀을 발라 들뜨지 않게 심혈을 기울여 붙이는 장면만 묘사했던가. 왜 깔끔하게 페인트칠하는 요령만 부각했던가. 꿈에 그리던 가구와 가전제품을 들여 모던하고 시크하게 배치하는 것이 전부인 양 표현했던가.

아니, 어쩌면 나는 그동안 보고 싶은 것만 보았을지도 모르겠다. 지난한 철거 장면은 대충 흘려 보고 멋지게 탈바꿈하는 환골탈태의 순간만 머릿속에 남겼을지도 모른다. 해보기 전에는 몰랐다. 철거가 그토록 힘든 일일 줄은 말이다. 오래된 집의 오래된 벽지는 이미 벽과 한 몸이 된 지 오래다. 가끔 낯선 물건을 붙잡고 낑낑거리다 보면 그런 생각이 들 때가 있다. 이거 원래 붙어서 안 돌아가는 거 아닐까? 이거 겉에 필름을 벗겨내는 게 아니라 원래 한 장짜리 아닐까? 오래된 벽지를 뜯다 보면 그런 생각이 든다. 이거 벽지가 아니라 벽이 원래 이런 무늬인 거 아닐까? 말도 안 되는 소리 같지만 물을 뿌리다 못해 들이부어서 안간힘을 다해 스크레이퍼로 벽지를 긁어내다 보면 정신이 아득해지면서 그런 생각이 절로 든다.

요새 마감을 최소화한 인더스트리얼 인테리어가 유행하는 이면에는 알고 보면 철거가 힘들었던 인테리어 자영업자들끼리 맺은 모종의 담합이 있는 게 아닐까 싶은 망상에 이를 때쯤

벗겨진 벽지 뒤에 숨어 있던 곰팡이가 이제 내 차례인가 하고 슬그머니 모습을 드러낸다. 곰팡이 제거 역시 또 하나의 미션일지니, 곰팡이만 없어도 큰일 하나 더는 셈이다. 곰팡이 제거 전문 업체가 괜히 있는 게 아니다.

시작부터 진이 다 빠져버린다는 게 셀프 인테리어의 가장 큰 고비다. 이 과정을 무사히(?) 끝내고 나면 뭔가를 갖다 붙이고, 설치하고, 칠하고, 바르는 건 일도 아닌 것처럼 느껴진다. 그래서 내 발등을 다시 찍은…, 아니 또다시 셀프 인테리어를 시도했던 걸까. 서점이 들어갈 가게를 계약하고 나서 다시 한 번 인테리어를 직접 하기로 결정하고 말았다. 우리 집 2층의 셀프 인테리어를 끝마치고 나서 "두 번 다시 셀프 인테리어는 없다!"라고 다짐한 것을 까맣게 잊고 말이다.

상점 건물은 집과는 또 달라서, 철거 폐기물의 차원이 다르다. 각종 패널이며 합판 구조물과 장식 등등 어디에 쓰는 건지 알 수 없는 둔탁하고 무거운 잔해물들이 끝없이 나온다. 이사를 해본 사람이라면 잘 알 테다. 이삿짐을 다 싸놓고 보면 대체 이 많은 게 우리 집 어디에 다 들어차 있었나 싶은 생각이 드는데 그런 상황과 비슷하다. 심지어 아무것도 없는 빈 공간이 분명한데 그 빈 공간에서 생전 처음 보는 온갖 쓰레기가 끝도 없이 쏟아지는 철거의 마법이랄까!

어서어서가 들어온 이 자리는 액세서리 가게가 있었던 곳답게 자잘한 인테리어 부재들이 꽤 많이 나왔다. 정체를 알 수 없는 샹들리에 조명을 뜯어내고, 곳곳의 장식들을 뜯어내고 치우는 데만 해도 한나절이 걸렸다. 카페나 식당을 다니다 보면 이 정도 규모치고 천장이 좀 높네, 싶어 고개를 들어보면 대부분 천장 마감을 하지 않고 각종 배관과 전선 등이 다 드러나게 꾸민 노출형인 경우가 많다. 요즘 건물 중에는 아예 처음부터 노출형 구조로 나오는 경우도 있지만, 옛날 건물이라면 십중팔구 설치되어 있던 천장 마감재를 뜯었다는 소리다. 그 어려운 걸 나도 해냈다. 받침대를 밟고 올라가 고개를 위로 치켜들고, 안경과 마스크를 쓰고도 먼지를 하릴없이 맞으면서 천장 마감재로 쓴 합판을 탕탕 두드려 부수어서 뜯어냈다.

노출형도 지금에야 트렌드가 되었지만 처음 노출형 천장 인테리어가 나왔을 때만 해도 아직 공사가 덜 끝났나 보다, 하고 많이들 생각했다. 하지만 공간을 넓어 보이게 한다는 점, 또 노출형 천장과 잘 어울리는 인테리어 디자인의 출현 등으로 지금은 보편적인 천장 스타일로 자리매김했다. 어서어서가 자리 잡은 공간도 작은 편이라서 아늑함이 자칫 답답함이 되기 쉬웠다. 아담하지만 넉넉한 공간, 책 속을 여행하며 생각을 펼쳐내는 데 알맞은 공간을 만들기 위해 천장을 뜯어내는 건 필수였다. 다른 한쪽에는 밖으로 나가지 않고 옆 가게를 오갈 수 있는 여닫이문이 있었다. 여기에서 둥지를 틀었던 전 주인들에게는 어떤 의미를 지닌 문이었을지 모르겠으나 나에게는 관심 밖. 여닫이문도 모두 뜯어내고 그 자리는 나무로 가벽을 대어 막아버렸다.

푸념이 길었지만, 실은 기꺼이 자처한 일이었다. 은화수 식당을 운영한 지도 어느덧 삼 년가량, 자영업자 새내기 티도 조금 벗었지만 오롯이 나에게서 비롯한 나만의 공간은 어서어서가 처음이었다. 은화수 식당은 본점에서 구축해 놓은 아이덴티티를 가져온 것이고 메뉴나 레시피, 인테리어 등도 기본적으로는 프랜차이즈이니만큼 은화수 식당 브랜드에서 규정하는 바를 따랐다. 하지만 돌이켜 보면 그때도 주어진 환경을 수동적으로만 받아들이지는 않았다.

대학가에 자리해 대학생 손님이 많다는 특성상 몇 가지 창의력을 발휘했다. 손님들이나 직원들이 실제로 움직이는 동선을 고려해 냉동고를 과감하게 실외로 꺼내어 사용했으며, 지정된 인테리어 소품 대신 대학생들에게 한창 인기가 있었던 피규어나 레고, 코카콜라 한정판이나 레트로풍 포스터 등의 소품을 직접 골라 가게 내부를 친근하고 트렌디한 느낌으로 장식했다. 메뉴판도 원래는 벽에 커다랗게 붙은 메뉴판과 테이블마다 놓인 작은 T자형 스탠드 메뉴판이 전부였는데, 은화수 식당의 로고와 이미지를 활용해서 A4 크기의 종이 메뉴판을 직접 디자인해 만들었다. 곧 이 종이 메뉴판은 은화수 식당의 공식 메뉴판이 되었다. 종이 메뉴판을 몹시 마음에 들어 한 본점 사장님께서 내가 만든 메뉴판 디자인을 다른 지점에서도 사용해도 되겠냐 물었고, 흔쾌히 그러시라 했다. 덕분에 쌀 몇 포대와 식재료를 무상으로 공급받아 여러 날 식자재 구매 비용을 아낄 수 있었다.

프랜차이즈 식당을 운영하면서도 숨기지 못한 탐구와 실행 정신은 어서어서를 준비하며 본격적으로 발휘되기에 이르렀다. 공간의 전체적인 콘셉트 및 큰 틀을 시작점에서부터 온전히 내가 기획하는 것은 처음이었다. 하물며 오랫동안 꿈꿔왔던 서점의 시작이었다. 직원을 고용해 서점 운영을 맡기거나 잘 모르는 책을 가져다 놓고 파는 일을 아직도 주저하듯, 하나부터 열까지 내 손을 거쳐가야 한다는 강박은 이때부터 시작되었는지도 모르겠다.

기계적으로 벽을 뜯고 또 뜯는데, 불현듯 다른 데와 느낌이 이질적인 합판에 이르렀다. 단단한 벽에 붙어 있다기보다 뒤쪽 벽 일부가 비어 있는 듯, 합판을 두드리면 통통, 다른 곳보다 비교적 가볍게 소리가 울렸다. '이 합판 뒤에는 또 어떤 예상치 못한 퀘스트가 기다리고 있을까…' 하는 생각이 머릿속에 떠올랐다면 거짓말이고, 무념무상으로 뜯어내기 작업을 무한 반복하다가 '응?' 하는 순간적인 궁금증이 튀어올랐다 채 가라앉기도 전에 남은 합판을 뜯어내자마자 거짓말처럼 오후의 햇빛이 울컥 쏟아졌다. 한눈에 보기에도 십수 년은 훌쩍 넘어 보이는 작은 창이 거기에 있었다. 아니, 이렇게 예쁜 창을 그동안 합판으로 막아두었다니! 어느 것 하나 애틋하지 않은 곳이 없는 황남동 어서어서에서도 내가 가장 사랑하게 될 그것, 카운터 위 작은 창문과의 첫 만남이었다.

셀프 인테리어의 시작은 셀프 철거부터다.

이 엄청난 작업은 나를 무념무상의 경지로 이끌었다.

오래된 벽지를 뜯고 나면 곰팡이가 슬그머니 드러난다. 곰팡이 제거는 전문 업체에 맡기자.

이미 한 번의 경험이 있었지만, 셀프 인테리어는 힘든 일이었다. 물론 만족도는 높았지만.

합판을 뜯어내자마자 발견한 작은 창. 십수 년은 훌쩍 넘어 보이는 낡은 창이지만 내가 가장 사랑하는 어서어서의 한 부분이다.

틀은 오래되었으나 지금의 생각이 살아 숨쉬는 것, 틀은 바랐으나 지금의 쓰임으로 또 다른 의미를 지니는 것들이 서로 어우러지는 곳을 꿈꾸었다. 어디에나 있는 곳들이 범람하는 때에 어디에도 없는 곳이, 오직 여기 경주여야만 하는 곳이 되길 바랐다.

경주의 시간을 모아서
만든 공간

　미적감각이라는 단어가 낯설다. 나와는 상관없는 말이라 생각했다. 그 생각은 아직까지도 대체로 유효하다. 인테리어 콘셉트를 정하고 머릿속 이미지를 구현할 가구와 소품, 마감재를 구매하거나 주문 제작하여 통일성 있게 배치하는 것은 분명 전문적인 영역이다. 인테리어나 그 비슷한 것을 공부한 적이 없고 타고난 감각이 특출한 것도 아니라 처음부터 대단한 이상을 꿈꾸지는 않았다. 다만 내가 좋아하는 책과 사진, 엽서 같은 이미지를 멋지게 전시하고 싶었고, 인스타그램이 한창 그 위세를 떨칠 때였던 만큼 인증숏을 찍기 좋은 포토존은 꼭 만들고 싶었다. 하지만 우선은 경주의 오래된 시간을 담은 책방이었으면 했다. 한 세대를 건너기도 전에 '전화를 건다'는 의미로 사용하는 제스처가 바뀌는 마당에 십수 세기 전에 처음 고안한 코덱스(양피지 두루마리 형태의 책 이후의 틀로 지금의 책처럼 한 장씩 넘기는 구조의 책을 일컫는 말) 형태 그대로인 매체를 지금까지도 향유한다는 것은 어쩌면 대단한 의미가 있다. 책처럼 틀은 오래되었으나 지금의 생각이 살아 숨쉬는 것, 오래된 가구와 소품처럼 틀은 바랬으나 지금의 쓰임으로 또 다른 의미를 지니는 것들이 서로 어우러지는 곳을 꿈꾸었다. 어디에나 있는 곳들이 범람하는 때에 어디에도 없는 곳이, 오직 여기 경주여야만 하는 곳이 되길 바랐다.

　남들보다 뛰어난 감각은 없지만 평소 책방이나 카페에 다니는 것을 좋아하고 멋진 공간을 보기 위해 부러 길을 나서기도 했을 정도로 공간 디자인에 관심이 많았던 편이라 언젠가 내 공간에서 펼쳐보고 싶다고 생각했던 오브제나 레이아웃 몇 가지는 마음속에 있었다. 그중 으뜸이 바로 한 출판사의 시인선을 전시하는 장식 선반이었다. 어느 미술관에서 본 전시가 마음에 오래 맴돌았다. 전 세계 곳곳 수많은 사람들의 초상을 모아 피부색이 그러데이션 효과를 드러내도록 벽면 가득 배치한 전시였다. 하나하나의 피부색이 특정한 한 사람을 설명하고 개인으로서 인식하게끔 한다면, 한데 모인 피부색은 인류의 거대한 물결을 표현했다. 개인의 개성은 아름다웠고 인류의 다채로움은 웅장했다.

시집 한 권, 한 권이 나올 때마다 "아, 예쁘다!" 하는 탄성이 절로 흘러나오게 만들었던, 오로지 강렬한 색과 날카로운 제목으로 표지를 디자인한 이 출판사의 시인선이 그 전시의 기억으로 이어졌다. 내가 책에 처음 빠지게 된 계기가 시였기에 시집이 더욱 애틋하기도 했다. 시인선의 시집들을 나만의 방식으로 배치하여 또 하나의 이미지를 탄생시키는 장식 선반이 어서어서의 주인공이었으면 했다. 표지가 소란한 장식 없이 색과 글이 전부라 낱낱이 가지는 가치를 넘어 한데 모여서 만들어내는 시각적인 변주가 끝도 없이 다양했다. 정면으로 나열하여 매일 다른 이미지를 그려낼 수도 있었고, 시리즈를 배치한 장식 선반 가까이 가만히 서서 군더더기 없는 글자를 하나씩 읽다 보면 그 자체로 세상에 없던 또 하나의 새로운 시가 탄생하기도 했다.

시인선 장식 선반은 최소한의 요소로 만든 나무 선반일 뿐이었지만, 어서어서의 몇 안 되는 주문 제작 가구였다. 한쪽 벽에 덩그러니 만들어놓은 장식 선반과 작은 가게 이곳저곳에 놓인 책장 몇 개가 어서어서의 시작이었다. 지금은 벽이 무슨 색인지 얼핏 가물가물할 만큼 빈 공간 없이 빼곡하지만, 간판도 미처 달기 전이었던 그 시절엔 하얀 여백이 훨씬 더 많았다. 아직 식당 운영을 병행하고 있을 때니 점심 장사가 끝나고 저녁 장사가 시작되기 전까지 서너 시간이나 네댓 시간 정도 문을 열고 차곡차곡 공간을 채워나갔다. 간판도 없고, 아까는 문이 닫혀 있었는데 지금 보니 열려 있고, 보이는 건 몇 권의 책이 전부인 곳. 수시로 문을 열고 "여기 뭐 하는 데에요?"라고 묻는 사람들에게 서점이라고 답을 했을 뿐 나도 어서어서가 어떤 모습을 갖추게 될지 아직 가늠하기 어려울 때였다.

심혈을 기울인 시인선 장식 선반, 이 장식 선반과 어울리는 건 뭐가 있을까 하는 고민이 머릿속 한구석을 내내 차지하고 있던 날들이었다. 동네를 걷다가 우연히 발견한 한옥의 미닫이 문 문살이 선명하게 눈에 들어왔다. 각 잡아 늘어놓은 시인선 시집들과 장식 선반이 이루는 격자무늬와 한옥 문살이 그리는 격자무늬의 통일감이 한눈에 들어온 걸까, 둘은 예상한 것보다도 훨씬 더 잘 어울렸다. 두 가지는 수많은 책이 들고 나는 지금까지도 문을 열고 들어오면 오른쪽에 보이는 벽에서 한결같이 제자리를 지키고 있다. 시인선 장식 선반에는 본디 역할에 충실해 시집을 가지런히 전시하고, 문살 장식대에는 그때그때 다른 시리즈를 소개한다. 요즘 들어 개성 있고 표지도 아름다운 시리즈가 다양하게 출시되어 어떤 시리즈를 전시할지가 매번 고민이다.

그나저나 요즘은 한옥에도 단열 성능이 훌륭한 최신식 슬라이딩 도어를 설치하는 마당에 이 한옥 문살을 파는 데는 어떻게 찾았을까? 나도 못 찾았다. 주웠다. 한옥 문살뿐만 아니라 어서어서에 있는, 세월의 흔적이 짙게 묻은 거의 모든 가구며 소품 들은 대부분 주워 온 것들이다. 책장은 교회에서 버린 것을 주워 왔고, 의자는 고물상에서 개당 천 원을 주고 샀다. 마침 황리단길이라는 이름이 어디서 시작되었는지도 모르게 많은 사람들 입에 오르내리기 시작했고, 발 빠른 이들이 사람들의 시선을 끄는 공간을 궁리하며 집을 뜯고, 가게를 헐었다. 그야말로 온 사방에서 철거가 진행되고 있었다. 날마다 엄청난 폐기물이 쏟아졌는데, 분명 몇몇은 폐기물로 분류하기에는 아까운 보물이었다. 커다란 가구부터 어느 집 서랍 구석에서 잠자고 있다가 버려진 고장 난 카세트테이프, 작고 투박한 농기구까지. 틈만 나면 차를 타고 동네를 돌아다니면서, 차가 다닐 수 없는 골목을 틈틈이 쏘다니며 버리기 아까운 물건들을 공사장 담당자나 주인에게 허락을 받고 주워 왔다. 하나같이 경주의 시간을 고스란히 담은 것들이었다. 차례로 들여놓은 어서어서의 식구들을 가만히 둘러본다. 다 모아놓고 보니 더 그런 생각이 들지만, 아마 이들 대부분은 파는 곳을 찾을 수도, 돈을 주고 살 수도 없었을 것들이리라.

시인선 장식 선반을 실내 포토존이라 생각했다면, 실외 포토존은 단연코 버스 정류장 콘셉트의 주황색 의자다. 기실 이 의자가 어서어서를 꾸미는 데 든 비용 중 가장 큰 부분을 차지했다. 실내처럼 실외 공간에도 레트로한 느낌을 주는 오브제를 두고 싶다는 생각을 하다가 불현듯 버스 정류장에서 흔히 볼 수 있는 이 의자가 떠올랐다. '어서어서 전면에 둘 단 한 가지를 고른다면 바로 이 의자다!'라는 생각 이상의 어떠한 구체적인 이유는 없었지만 이 의자가 머릿속에 떠오른 순간 나는 완전히 여기에 꽂혀버렸다. 반드시 엉덩이를 따라 물결무늬를 그리는 이 플라스틱 의자여야만 했다. 색깔도 양보할 수 없었다. 주황색이 아니면 아무런 의미가 없었다.

한번 꽂힌 데 몰두하는 나의 집착은 일단 돌진하고 보는 추진력을 만나 활활 타올랐다. 시청 유관 부서에 전화를 걸어 물어보기도 하고, 버스 회사에도 문의를 했지만 버스 정류장 중고 의자를 구매하는 방법을 알려주는 곳은 아무 데도 없었다. 황남동의 전례 없는 대철거 현장에서도 원하는 모든 것을 구할 수는 없었으니, 주황색 플라스틱 정류장 의자를 찾아 수십 군데에 전화를 돌린 끝에 맞춤 제작해 주는 공장 하나를 겨우 찾았다. 달랑 세 좌석짜리 정류장 의자 한 세트를 만들러니 비용도 만만치 않았다. 돈 주고 산 게 거의 없었으니 갑작스러운 지출이 크게 다가왔지만, 망설임 없이 주문을 넣었고 의자는 상상했던 그대로 어서어서 앞에 자리를 잡았다. 바로 내가 그리던 그 모습이었다. 여기에 앉아 있으면 낡은 시골 버스가 와서 정차할 것만 같은 느낌. 서점의 것이라기보단 길가에 설치된 것처럼 보이는 의자. 의외로 많은 사람들이 의자가 땅에 붙어 있을 거라고 쉽게 미루어 짐작한다. 그만큼 어서어서와 찰떡처럼 잘 어울린다는 뜻이리라.

그에 더해 의자는 뜻밖의 역할을 톡톡히 해내고 있는데, 바로 일행을 따라 굳이 책방에 들어가고 싶지는 않은 사람들을 위한 훌륭한 대기 장소가 그것이다. 책방 내부가 좁고 언제나 북적이니 들어가지 않는 이유도 더없이 합리적이다. 나로서는 예상치 못한 반가운 쓰임이었다. 모든 사람이 어서어서에 관심을 가지고 좋아하리라는 기대는 애초에 하지 않는다. 여행을 하다 보면 한 사람은 가보고 싶지만 다른 사람은 그냥 지나가고 싶어 하는 곳들이 생기기 마련이다. 어서어서가 그런 장소가 되었을 때 주황색 의자는 책방에서 책을 구경하는 사람에게도, 잠시 앉아 쉬면서 일행을 기다리는 사람에게도 유용한 의자가 된다. 책이라는 호불호 확실한 제품을 판매하는 사람으로서 주황색 의자에 진심으로 감사를 전하고 싶다.

유일하게 전문가의 손을 빌린 것은 전기 공사다. 전기 공사를 직접 하려고 했다면 아마 셀프 책방 인테리어가 더 고단한 기억으로 남았을지도 모르겠다. 전기 공사는 전문가인 매형과 친구의 도움을 받아 한결 수월하게 했는데, 업자들이 주로 찾는 대형 전자재마트와 인터넷 쇼핑몰을 뒤져 마음에 담아두었던 전등과 전구, 선 등을 사두면 전문적인 기술이 필요한 일은 두 사람이 팔을 걷어붙이고 나서주었다. 책방 공간을 상상하면서 가구나 책의 배치만큼 중요하게 생각했던 것이 조명이었다. 하얀 조명보다는 은은한 노란 조명으로 따뜻한 분위기를 연출하고 싶었고, 공간 배치의 변화에 따라 또 필요에 따라 조명의 위치를 바꾸고 싶었던 나의 바람을 반영해 두 전문가는 손쉽게 조명의 위치를 이동할 수 있는 레일식 배선 공사를 해주었다.

덕분에 삼 년이 지난 지금까지 가구 배치나 책 전시를 조금씩 옮길 때마다 힘들이지 않고도 조명 구성에 변화를 줄 수 있었다. 인테리어 요소 중에서 조명을 중요하게 생각하는 사람이라면 조금 번거롭더라도 공사 초기에 해두길 추천하는 방식이다.

시작은 천천히, 조금씩, 간결하게, 그러나 이제는 책도 점점 늘어나고 여행이 차곡차곡 쌓이면서 보고 느낀 것도 늘어나 간직하고 함께 나누고 싶은 장면도 많아졌다. 꿈꾸던 대로 멋지게 완성되어가는 어서어서를 바라보며 인테리어에도 다소 자신감이 붙어 이것저것 시도하는 중이다. 어서어서가 자아내는 느낌에 분위기 한 스푼, 느낌 한 스푼, 센스 한 스푼을 더하는 손길들이 있다. 바로 어서어서를 다녀간 손님들이 그 주인공들이다. 책장이나 장식 선반에 어떻게 하면 자연스럽고 분위기 있게 책을 꽂아둘 수 있을까 고민하기만 했지, 그 밖의 장소는 생각하지 못했다. 누군가 읽다가 잠깐 풍금 위에 툭 올려둔 책이, 스툴 위에 살포시 쌓아둔 책이, 선반 위에 얹어둔 책이 색다른 분위기를 연출하는 걸 보고 책이 놓일 수 있는 무한한 경우의 장소를 발견함으로써 오히려 감탄하기도 했다.

무엇보다 어서어서를 완성하는 건 손님들 한 명, 한 명, 그 존재 자체다. 툭툭 비가 내리던 어느 날, 가운데 넓은 테이블에 여섯 자리 가득 손님들이 앉아 조용히 책장을 넘기던 그 순간은 아직도 눈앞에 생생하다. 작은 책방 구석구석에서 자기만의 편안한 자세로 앉거나 서서 책장을 넘기는 손님들이 어서어서라는 공간을 완성한다. 마음에 드는 책을 펼쳐 그 속에 든 글을 꺼내는 이들이 없다면, 이곳의 풍경은 무척 달랐으리라.

참, 가장 중요한 정산을 빠뜨릴 뻔했다. 어서어서 초기 인테리어 비용은 바깥에 놓인 주황색 플라스틱 의자 제작비를 제외하고 총 몇십 만 원이 전부, 그것도 대부분은 재료비였다.

나의 셀프 책방 인테리어의 핵심은 역시 경주였다. 책과 경주를 한 공간에 담고 싶었다. 오직 여기, 경주여야만 하는 책방이고 싶었다.

실내의 포토존.
표지로 그러데이션 효과를 주었다.

실외의 포토존. 나름 큰돈을 들여 주문한 주황색 버스 정류장 의자. 어서어서의 정체성을 드러내는 역할을 톡톡히 한다.

정체를 알 수 없는 상들리에 조명을 뜯어내고
연결한 조명들. 조명의 위치를 쉽게 이동할 수
있는 레일식 배선 공사를 진행했다.

길을 걸으며 하나하나 주워온
가구와 소품들. 경주의 시간을
서점 안에 담고 싶었다.

황남동의 많은 집과 가게가 철거되면서 얼떨
결에 마음에 드는 소품을 이것저것 얻을 수
있었다.

한옥 문살은 자연스럽게 어서어서와 어울린다.
그때그때 다른 시리즈를 소개하는 자리다.

나의 작은 창문도 약간의 인테리
어를 거쳤다. 경주의 풍경이 담긴
엽서 같다.

이 달의 추천 도서와 추천 영화도
많은 이들의 발걸음이 머무는 자
리다.

이곳이 중고책을 파는 서점인지, 내 개인 서재인지 그 경계조차 모호했다. 행여 망하더라도 내 서재 한번 멋지게 꾸며 다양한 사람들을 초대했다는 경험이 남으리라 생각했다. 언젠가 책방을 꾸리겠다는 마음은 변한 바 없었고, 처음부터 큰 성공을 거두리라는 욕심은 부리지 않았다.

시작은 중고책이자,
나의 서재

사실 어서어서의 시작은 중고책이었다.

대학생 이후로 한창 책 읽기에 빠져 하나둘 사 모은 책이 수백 권에 이르렀다. 언젠가 서점을 시작하고 싶다는 마음은 저 한구석에 조용히 묻어둔 채 출판업자나 관련업 종사자보다는 소비자 역할에 충실하던 시절이었다. 마침 부모님이 살고 계시는 주택 이 층, 세 들어 살던 사람이 나간 집에 들어가 살면서 처음으로 나만의 공간이 생겼다. 그동안 강박에 가깝다시피 모은 책과 문구류, 피규어 등을 오롯이 내가 원하는 대로 배치하고 장식하면서 언젠가 갖게 될 공간을 머릿속으로 그렸다. 볼

펜이나 마스킹테이프 같은 문구류, 만화책과 책, 피규어, 레고, 영화 포스터, 만화 굿즈 등등 많기도 했다. 초등학생 때부터 모았던 우표가 가장 오래된 컬렉션이었고, 가장 부피가 큰 컬렉션은 단연 책이었다.

처음부터 책을 팔아 먹고 살겠다는 생각으로 구체적인 계획을 구상한 것은 아니었다.

"책 팔아가 먹고 살겠나?"

"커피도 안 팔면서 무슨 장사를 한다고 그라노. 커피가 싫으면 슬러시라도 팔아라. 아니면 캔 음료수라도 갖다 놓든가."

걱정과 오지랖을 아슬아슬하게 넘나드는 주변의 우려와 마찬가지로, 나 역시 처음부터 책만 팔겠다는 생각을 한 것은 아니었다. 이제부터 식당 접고 책방 합니다, 하고 선전포고하는 대신 은화수 식당을 그대로 운영하면서 점심시간 직후 브레이크 타임이나 저녁 장사가 끝나는 대로 틈틈이 책방에 들른 것도 그런 연유에서였다. 책방 이름도 붙이지 않은 채로, 집에 있는 책을 되는 대로 가져다 놓고 몇 안 되는 책장을 채웠다. 좁은 공간조차 허전해 보일 만큼 듬성듬성 책을 꽂아두고 쌓아둔 채로 영업이라 하기 민망한 영업을 시작했다. 야단스럽지 않은 출발이었다.

그러니까 시작은 중고책이었다. 책 장사를 본격적으로 시작해 보자는 마음으로 어떤 책을 들일지 리스트를 정리하고, 책을 잔뜩 주문하고, 책장에 가득가득 채워 넣는, 그래서 문을 열고 들어가면 인쇄소의 아릿한 잉크 냄새가 채 가시지 않은 그런 서점이 아니었다. 이미 적어도 한 번 이상씩은 들추어진바 인쇄소 냄새는 오간 데 없고 책을 펼쳤던 황룡사 터의 바람과 카페의 커피 냄새처럼 다양한 시간이 묻어 있는 내 책들이었다. 이곳이 중고책을 파는 서점인지, 내 개인 서재인지 경계조차 모호했다. 행여 망하더라도 내 서재 한번 멋지게 꾸며 다양한 사람들을 초대했다는 경험이 남으리라 생각했다. 언젠가 책방을 꾸리겠다는 마음은 변한 바 없었고, 처음부터 큰 성공을 거두리라는 욕심은 부리지 않았다.

그러니까 시작은 중고책이었고, 나의 서재이기도 했다. 내가 좋아하는 책을 내가 원하는 모습으로 여기저기 놓고 결이 비슷한 책을 좋아하는 이들의 손에 내 책들이 새로운 여행을 떠나길 바랐다. 가겟세가 워낙 저렴해서 큰 부담이 없었다는 점도 시작하기에 알맞은 조건이었다. 믿을 수 없겠지만 황리단 길, 아니 황남동 가겟세도 저렴하던 때가 있었다. 불과 삼사 년 전의 이야기다.

생각보다 책이 너무 빨리 나갔다. 전혀 예상치 못한 일이었다. 실비집이나 학술원이라는 이름을 붙인 점집 등이 산재했던, 어두운 느낌이 자욱했던 대릉원 뒷골목 초입 모퉁이에 이리 보고 저리 봐도 당최 이 골목과는 어울리지 않는 브런치 식당이 하나 생기면서 골목의 분위기가 달라진 지 얼마 되지 않았을 무렵이었다. 점심시간이 되면 그전에는 이 골목에 발걸음도 할 일 없었을 듯한 사람들이 모퉁이 브런치 식당 앞에 줄을 섰다. 경주에서 브런치라는 메뉴는 호텔 식당에서나 볼 수 있는 것이었으니, 과연 뉴스거리가 될 만했다. 경주 곳곳의 사람들은 물론, 한 번씩 경주 나들이를 오는 한 시간여 거리의 대구, 울산 사람들도 종종 눈에 띄었다. 어서어서가 막 문을 열 때만 해도 이 길에는 모퉁이 브런치 식당 노르딕을 시작으로 홍앤리식탁, 데네브, 노워즈 정도가 새로 들어섰다. 노르딕과 홍앤리식탁은 식사를 할 수 있는 곳이었고, 데네브는 빵을, 노워즈는 커피를 파는 곳이었다. 자연스레 밥을 먹고 커피까지 마신 다음 산책을 하다가 들르는 사람들이 끊임없이 어서어서의 문을 열었고, 웨이팅을 걸어놓고 시간을 때우는 사람들이 오다가다 관심을 보였다.

운이 좋았다. 이 거리를 띄운 일등공신인 노르딕을 비롯한 초창기 가게들의 활약에 어서어서도 큰 덕을 봤다. 지금이야 황리단길을 찾는 사람들이 수많은 식당과 카페와 소품숍 등을 놓고 어디를 가야 아쉬움이 남지 않을까 고민하는 데 쓰는 시간도 상당하지만, 그때는 가게 몇 곳이 전부이니 하나씩 다 돌아봐도 시간이 남았다. 먹을 것을 파는 곳들 사이에서 먹을 것을 팔지 않는다는 점도 호기심을 당겼으리라. 게다가 중고책이다 보니 책값도 저렴했다. 사람들이 쉽게 지갑을 열었다. 정가를 받는 새 책이었다면 그만큼 쉽게 구매로 이어지지 않았을지도 모른다. 할인에, 적립금에, 배송도 빠른 온라인 서점이 자연스럽게 떠올랐을 테고, 나들이 와서 짐을 늘리는 것만큼 기껍지 않은 일도 드무니 말이다.

첫날부터 손님이 많았다. 집에서 가지고 온 내 중고책들은 비어가는 책장이 눈에 띌 정도로 빨리빨리 나갔다. 종일 문을 연 것도 아닌데, 첫날 판 책만 스무 권 정도 됐다. 내 책으로 판매량을 다 충당할 수 없어서 손님들에게 중고책을 매입하기도 했다. 그러나 그조차 턱없이 부족했다. 경리단길에서 시작되어 '무슨무슨리단길'이라는 이름을 붙인 수많은 거리들이 그러했듯, 황리단길의 유명세도 급부상했다. 유동 인구가 하루가 다르게 급증했다. 아무래도 중고책 판매로는 얼마 지나지 않아

밑천이 드러날 듯했다. 중고책을 매입할 때는 책을 받는 기준도 세워야 하고, 중고책의 상태에 따라 판매 가격도 정해야 하는데 기계와 시스템의 힘을 빌리지 않고 혼자서 모두 관리하기에는 품이 너무 많이 들었다. 손님이 붐비지 않고 판매량이 적었다면 모르겠지만, 들고나는 책의 수량이 많아지니 감당이 안 됐다. 경주의 알라딘 중고 서점을 꿈꿨지만 중고 서점은 사실상 실패로 돌아갔다.

처음의 어서어서는 내 서재이자
중고책 서점이었다. 사실상 실패
하고 말았지만.

책을 입고하는 방법 또한 그때 책방을 돌아다니면서 사장

님들께 많이 배웠다. 지금이야 명실공히 프로 동네 책방

사장이라 자부하지만, 그때만 해도 동네 서점에서는 교보

문고나 예스24, 알라딘에서 책을 사다가 파는 줄 알 정도로

아무것도 몰랐다.

대형 서점 부럽지 않은
짱짱한 동네 책방

중고 서점이라는 꿈의 실패와 동시에, 이거 되겠다는 생각
도 들었다. 이 정도면 서울에 있는 동네 책방과 비교해도 성적
이 나쁘지 않았다. 식당에서 손을 떼고 책방에 집중해야겠다는
판단이 섰다. 은화수 식당은 계약 기간을 따로 약속한 것도 아
니고 폐점을 하는 데 별다른 제약이 있는 것도 아니었지만 삼
년에 걸쳐 자리를 잡은 가게인데 하루아침에 문을 닫기는 너무
아쉬웠다. 마침 사촌 형수님께서 아이가 초등학교에 입학할 즈
음하여 일을 하고 싶어 하신다는 말을 들었다. 혼자서 직원 하
나 두고 운영하시기에 어려움이 없게끔 운영 구조를 간소화하

여 가게를 넘겼다. 아직까지도 잘 운영하고 계셔서 종종 옛날 단골들도 다녀간다는 이야기가 들린다.

본격적으로 새 책을 입고하기 시작했다. 서점을 시작하기 전에 전국 책방을 닥치는 대로 돌아다니면서 서점 사장님들께 운영에 필요한 노하우를 여쭤본 것이 큰 도움이 되었다. 책방을 하려고 한다고 말하며 궁금한 것들을 물으면 질문한 바에 대해 그리고 질문하지 않은 바에 대해서까지도 모두들 하나같이 친절하고 상세하게 답을 해주었다. 어서어서에도 그런 질문을 하는 사람들이 드물지 않게 오는데, 그때를 떠올리며 나도 성심성의껏 답변을 한다.

책을 입고하는 방법 또한 그때 책방을 돌아다니면서 사장님들께 많이 배웠다. 지금이야 명실공히 프로 동네 책방 사장이라 자부하지만, 그때만 해도 동네 서점에서는 교보문고나 예스24, 알라딘에서 책을 사다가 파는 줄 알 정도로 아무것도 몰랐다. 책방 사장님들께서 설명 해주신바 국내에서 출판되는 거의 모든 출판물을 유통하는 총판이라는 개념의 큰 도매상이 있다는 것을 알게 되었고, 출판사와 직거래를 하는 경우도 있음을 파악했다. 독립 출판물과 일반 단행본이 유통되는 구조가 어떻게 다른지도 일반 도서를 판매하는 동네 서점과 독립 출판물을 취급하는 독립 서점을 두루 돌아다니면서 배웠다.

국내 서적 도매상 가운데 두 번째로 규모가 컸던 송인서적이 부도가 난 직후였던지라 더 고민할 것도 없이 규모 1위의 북센과 총판 거래를 텄다. 판매한 중고책 리스트를 살펴보고, 어서서에 오는 손님들의 관심사를 유심히 관찰하며 입고할 책 리스트를 추려 총판에 주문을 넣었다. 처음 북센과 거래를 할 때는 판매 정가 대비 공급률이 아주 높았다. 이런저런 변동비를 뺀 한계이익률이 생각보다 더 낮았다. 잘 나가는 몇몇 책들을 출간하는 출판사와는 직거래를 트는 편이 나을 듯했다. 그런데 사전조사를 할 때 책방 사장님들께 직거래를 하는 경우도 있다는 이야기만 들었지 어떻게 직거래를 시작하는지는 몰랐다. 역시 글로 배우는 것과 부딪히며 배우는 데는 큰 간극이 존재했다.

무작정 파주로 갔다. 파주에는 출판단지가 있고, 내로라하는 우리나라 출판사들이 모여 있으니 거기에 가면 뭐라도 성과가 있을 줄 알았다. 막상 가보니 이디에 가서 누구한테 무슨 질문을 해야 할지가 막막했다. 정신 없이 움직이는 출판사 직원들과 물류 창고를 두리번거리다 얼이 빠졌다.

"무슨 일로 오셨죠?"

누가 봐도 이방인처럼 보이는 나에게 물류 창고 일로 정신 없이 바빠 보이던 누군가가 물었다.

"아… 그게, 그냥 구경하러 왔어요."

별 소득 없이 경주로 돌아왔다. 직거래 계약은 그로부터 한참이 지난 뒤, 어서어서를 찾아온 출판사 백도씨의 마케팅 과장님과 처음 맺었다.

사실 동네 책방이 출판사와 직거래를 하는 것이 흔한 일은 아니다. 동네에 있는 작은 과일 가게나 옷 가게가 산지나 옷 공장과 직거래를 하지 않듯, 출판사는 흔히 4대 온라인 서점이라 불리는 교보문고, 예스24, 알라딘, 인터파크와 그 외 몇몇 중대형 온·오프라인 서점을 제외하고는 모두 총판이라 불리는 책 도매상을 통해 서점과 거래한다. 출판사 인력에도 한계가 있고 그로 인해 영업 담당자나 마케팅 담당자와 지역 서점이 얼굴을 맞대고 이야기를 할 일은 손에 꼽을 정도로 드무니, 자연히 책을 홍보하고 광고하는 경로 역시 대형 온·오프라인 서점에 집중된다.

즉, 어느 날 갑자기 백도씨 마케팅 과장님이 어서어서를 찾았을 때는 어리둥절했다. 무작정 간 파주에서도 어디로 찾아가야 만날 수 있는지 몰랐던 마케팅 담당자가 어서어서의 문을 열고 들어선 것이다. 백도씨에서는 당시 서점을 겸하는 북카페를 기획하고 있었는데 전국의 특색 있는 동네 서점들을 돌아다니며 답사를 하던 차였다. 이런저런 이야기를 나누며 백도씨에서 출간하는 도서들이 어서어서에서 얼마나 많은 손님들에게 사랑받고 있는지도 이야기를 하게 되었고, 그 수량을 들은 마케팅 과장님이 직거래를 제안하셨다. 처음으로 출판사와 직거래 계약을 한 순간이었다.

그 후로 어서어서에서 특히 잘 팔리는 책들을 출간한 출판사에 하나둘 연락을 취했다. 그렇게 해서 직거래를 맺은 출판사가 열 곳 정도에 이르렀다. 직거래를 하고 있는 출판사 신간 중 몇몇은 놀랍게도 교보문고 지점 몇 군데에서 팔린 것보다 더 많이 팔기도 했다. 워낙 손님 자체가 많았고 어서어서에 오는 손님들이 반기는 결의 책과 해당 출판사에서 출간하는 책들의 결이 얼마간 일치했다는 점이 결정적인 이유였지만, 그 둘이 더 밀접하게 만나게끔 한 것은 직거래다. 직거래를 하면서 새로 나오는 책에 관해 조금 더 상세하게 듣고 손님들의 반응을 즉각 출판사와 공유하는 과정을 통해 조금씩 큐레이션이 단단해졌고 더 뜨거운 반응으로 이어지기도 했다. 백도씨의 브랜드 중 하나인 허밍버드에서 출간한 《나, 있는 그대로 참 좋다》라는 책은 무려

어서어서 에디션이 나오기도 했다. 대형 서점만 할 수 있다는 바로 그 ○○서점 에디션, 어서어서에도 있는 것! 판매량이 뒷받침되어야 가능한 일이라 그만큼 흔치 않은 일이다.

독립 출판물의 경우 업계의 룰에 따라 먼저 책을 입고한 다음 판매가 이루어지는 대로 발행인에게 대금을 정산한다. 대금을 지급하는 시점은 서점마다 차이가 있지만 두세 달이나 육 개월 정도로 기간을 정해두고 해당 기간 내 누적 판매량에 따라 정기적으로 대금을 지급하는 형태가 가장 흔하다. 독립 출판물은 일반 단행본보다 시장 규모가 훨씬 작아서 실제 판매량이 몹시 적은 편이라 정기적인 정산일 사이의 간격이 꽤 큰 편이다. 어서어서는 정기적으로 지급하는 형태 대신 한 번에 입고한 수량을 모두 판매하는 시점을 정산일로 정했다. 이에 대해 우려를 표현하는 독립 출판물 발행인들도 있었다. 워낙 판매 속도가 더딘 탓이다. 어서어서에서는 열 권이든 스무 권이든 몇 주 안 되어 모두 판매했다. 일반 단행본을 입고할 때와 마찬가지로 어느 정도의 시간 안에 팔 수 있을 것 같은 수량을 요청했다. 입고한 책을 모두 판매하고 대금을 입금하면 독립 출판물 발행인들은 어서어서에서 돈이 들어왔는데 계약금인지, 선급금인지, 수신처를 제대로 확인하고 보낸 것이 맞는지

어리둥절한 목소리로 묻곤 했다. 맡기신 책이 모두 판매되어 약속대로 대금을 지급해 드렸다고 말하면 놀라움을 금치 못했다. 이렇게 빠른 속도로 책이 나가냐고 말이다.

중고책 서점으로 시작했으나 마침내 인구당 매출로 따지자면 경주의 교보문고라 하기에도 손색이 없는 서점으로 탄탄하게 자리를 잡아가는 어서어서. 이 정도면 이 작은 도시에 설사 대형 서점이 들어온다 하더라도 이길 수 있는 작지만 짱짱한 동네 책방이라고 자신 있게 말할 수 있지 않을까.

대단한 글이나 문장이라기엔 말장난에 가까운 것들의 나열인 경우가 많았지만, 처음부터 바란 것은 작품성이 아니라 공감이었다. 처음 시를 읽고 마음이 쨍- 했듯이, 내 손끝에서 비롯한 글이 이따금 내 마음을 쨍- 하게 만드는 것은 색다른 감정이었다. 재미가 붙었다.

가장 중요한 이름 짓기
'어서어서'

'거짓말' 하면 떠오르는 노래가 무엇인지에 따라 나이를 알수 있다는 웃픈 유머가 있었다. 나는 물론 빅뱅이 떠올랐는데, 라고 하고 싶지만 0.3초 만에 지오디가 떠올랐다. 이십 대들은 빅뱅을 떠올린다는 이야기를 듣고 아 맞다, 빅뱅!이라고 탄식했고, 십 대들이 매드클라운의 거짓말을 떠올린다는 사실에는 사뭇 당황했다. '머리부터 발끝까지'라는 문구에서 십 대들은 오로나민씨를 떠올린다는 점은 또 얼마나 놀라웠는지, 나는 무엇을 떠올렸는지는… 따로 적지 않아도 아마 다들 짐작하시는 바대로다.

기호 '#'이 그렇다. C sharp major, A sharp minor 등으로 부르는 음악 기호 '올림표'로만 알았는데 어느 날 '샵s#arp'이라는 이름의 혼성그룹이 등장했다. 그렇다. 해시태그가 무려 올림표와 가수를 떠올리게 했던 날들이 있었던 것이다. 2020년을 살아가는 우리들에게 #은 누가 뭐래도 해시태그다. 해시태그는 빅데이터, 즉 가늠할 수 없는 양의 방대한 정보와 자료 등등이 흩어져 산재하는 인터넷 세상에서 사용자가 만들고 선택할 수 있는 가장 단순하고 효율적인 분류와 선택 장치로 혜성처럼 나타났다. 아, 컴퓨터 언어의 세상에서 등장한 것은 더 멀고 먼 과거에 있었던 일이니 혜성처럼 나타났다는 표현은 적합하지 않을지도 모르겠다. 혜성보다는 컴퓨터 전문가가 아닌 평범한 사람들에게는 이름 모를 몸짓이었다고 해야 할까. 마침내 인스타그램이 그의 이름을 불러주었을 때 해시태그는 인스타그램에 와서 꽃이… 아니 소통이 되고, 파워가 되고, 트렌드가 되었다.

새로운 것, 트렌디한 것, 많은 사람들과 동시다발적으로 교류하는 것. SNS는 내가 좋아하는 모든 것을 갖춘 신문물이었다. SNS에 열광하지 않을 도리가 없었다. 누구나 그렇듯이 싸이월드 미니홈피로 시작하여 몇 가지 플랫폼을 거치다가 어느 날 갑자기 사진만 올리는 -것처럼 보이는- 인스타그램이 등장했다. 내가 좋아하는 모든 것에 더해 내가 좋아하는 사진 위주로 소통한다는 것이 더해진 플랫폼이었다. 2020년 9월 현재 팔로워 1.1만을 찍은, 2013년 8월에 시작해 무려 칠 년의 역사가 담긴 나의 본 계정 @bananavara의 시작이었다.

초반에는 그야말로 지인들과 교류하는 일상 공유 계정이었다. 당시 한창 열광했던 야구장 응원 사진이 큰 지분을 차지했고, 여행, 맛집, 셀카 등의 일상이 여백을 채웠다. 그전까지 성실하게 관리했던 싸이월드 미니홈피나 카카오스토리 같은 플랫폼에 올린 게시물들과 크게 다르지는 않았다. 큰 비중을 차지하던 주된 흐름은 야구장에서 빙수로, 빙수에서 맛집과 카페로, 맛집과 카페에서 은화수 식당으로 흘러갔다. 그때그때 가장 관심을 쏟았던 대상이 단연 두드러졌다. 사적인 기록이자 아카이빙이기도 했고, 식당을 운영할 때는 홍보를 목적으로 더 비장해지기도 했다.

글을 쓰기 시작한 것도 마찬가지의 시작이었다. 직장 생활을 하면서도 책 읽기는 계속되었고, 예상치 못한 사회생활에 치이다 보면 구절구절이 구체적으로 마음을 건드리는 날들이 있었다. 대학교 도서관에서 처음 시집에 빠졌던 날로부터 글을 삼키기만 했지 내뱉은 적이 없었는데, 생각이 쌓이고, 하지 못한 말이 쌓이고, 삼킨 목소리가 쌓이고, 억누른 개그 본능(?)이 쌓이다 보니 어느 날엔가는 처음으로 입속에서 글자들이, 낱말들이 맴돌았다. 글에 각별한 날들이 잦아졌다.

대단한 글이나 문장이라기엔 말장난에 가까운 것들의 나열인 경우가 많았지만, 처음부터 바란 것은 작품성이 아니라 공감이었다. 처음 시를 읽고 마음이 쨍- 했듯이, 내 손끝에서 비롯한 글이 이따금 내 마음을 쨍- 하게 만드는 것은 색다른 감정이었다. 재미가 붙었다. 감성적인 글과 사진을 올린 다음에는 팔로워가 눈에 띄게 늘었고, 글을 쓰는 일이 더 재밌어졌다. 내가 중의적인 표현을 좋아하고, 비슷하지만 여러 가지 뜻을 품은 단어들을 좋아하고, 라임 맞추기를 즐긴다는 사실도 이 과정에서 발견한 바다. 길을 걸으면서, 손님이 떠난 테이블을 정리하면서, 멍하니 커피를 마시면서 문득 떠오른 생각들로 두 줄이나 네 줄의 짧은 글을 써서 사진에 더했다. 하나의 단어 혹은 라임이 맞는 비슷한 단어를 짝으로 사용하고, 각 줄은 서로 글자 수가 같고, 띄어 쓴 칸 수가 같아야 했다.

은화수 식당을 운영할 때는 나만의 인스타그램 시간표가 있었다. 1일 1피드를 목표로 했다. 아침 일찍, 점심 장사 직전, 점심 장사 후 브레이크 타임, 저녁 장사 후 집에 가서 인스타그램에 게시물을 올리기 위해 사진을 찍고, 고르고, 보정을 하고, 문구를 고민했다. 보통은 우선 사진부터 정해놓고 사진과 어울리는 글을 생각하며 여러 번 수정을 거듭했다. 어떤 날에는 떠오른 것을 한달음에 적어 내려갔고, 어떤 날에는 좀처럼 마침표를 찍기 어려운 낱말들을 흩어놓고 한 시간이 넘도록 고민에 빠지기도 했다. 완성하고서는 와, 좋은데? 하고 자아도취에 빠진 글도 있었고, 썩 마음에 들지 않은 채로 마무리하는 글도 있었다. 억지로 짜낸 글이 쉬이 마음에 드는 일은 드물었다.

갓 재봉틀을 장만한 사람이 천만 보면 죄다 드르륵 재봉질을 할 궁리를 하듯, 이제 막 당구를 배운 사람이 자려고 누워서 천장을 보며 굴러가는 당구공을 상상하듯 최근의 일상에서 상당한 시간을 할애하는 행위는 다른 일을 할 때도 얼마간 크고 작은 영향을 미친다. 여러 단어를 조합해서 생각할 거리를 던지는 리듬감 있는 문장을 짓는 일에 한창 빠져 있던 나는 책방 이름도 그렇게 못 지을 것 없겠다는 생각이 들었다. 책방 이름을 아예 길게 지어보는 건 어떨까 하는 생각이 먼저, 책방은 방방곡곡 어느 곳에나 있지만 나의 서점은 다른 곳과 다른 서점이길 바란다는 마음이 그다음이었다. 고민이 길어지기 전에 '어디에나 있는 서점, 어디에도 없는 서점'이라는 문장이 떠올랐다. 이거다! 옆에 보이는 종이를 아무거나 집어 '어디에나 있는 서점, 어디에도 없는 서점'이라고 썼다. 글자 수가 같고 띄어쓰기의 리듬이 조화로운 데다가 라임까지 완벽한 문구였다. 띄어쓰기 위치까지 같은, 그러니까 어렴풋하게 떠오르는 학창 시절 국어 시간에 배운 4·2·2의 음수율까지 빈틈없는 문장이었다. 두 문장의 앞 글자들을 딴 줄임말인 '어서어서'도 더할 나위 없이 흡족했다.

실은 책방 이름으로 쓸 후보는 더 있었다. '경주시'도 그중 하나였다. 경주시에 있는 서점이자 경주에서 시집을 파는 책방이라는 중의적인 의미를 담은 후보였다. 시집을 좋아했고, 책방에서 처음에 주로 판매하려고 했던 책도 시집이었다. 문제는 해시태그였다. '#경주시'를 검색하면 그야말로 경주와 관련한 모든 종류의 이미지가 쏟아졌다. 새로운 피드도 쉬지 않고 올라왔다. 책방이 잘되려면 온라인에서도 사람들 입에 자주 오르내려야 하는데 경주시는 너무 많은 콘텐츠를 포괄하는 키워드였다. 경주시라는 이름의 책방은 경주시청에서 올린 시 홍보 콘텐츠, 각양각색의 경주 여행 사진, 경주에 소재한 식당이나 카페 등에서 업로드한 광고 이미지에 묻혀버리기 십상이었다.

당연히 '어서어서'라는 이름을 떠올리고 가장 먼저 한 일이

해시태그 검색이었다. 어서어서도 흔히 사용하는 단어인 만큼 해시태그가 없을 리 만무했다. '#어서어서'도 있긴 있었다. 다행히도 많지는 않았다. 사람들은 비슷한 의미로 '#빨리빨리'를 더 많이 사용했다. 승산이 있어 보였다. '#어서어서'라는 해시태그를 우리 서점 것으로 만들 수 있겠다는 확신이 들었다. 풀네임이 마음에 쏙 들고, 줄임말은 입소문을 타기에 손색이 없었다. 어디에나 있는 서점, 어디에도 없는 서점 그리고 어서어서로 마음을 정했다. 무슨 일을 시작할 때든 가장 어렵다는 이름 짓기 숙제를 마침내 완수한 순간이었다.

"우리는 정보를 얻기 위해 책을 읽기도 하고 더 배우기 위해 책을 읽기도 하지만, 어쩌면 그보다 더 자주 책을 통해 공감이나 위로나 연대 같은 것들을 얻잖아요. 그게 따듯함이 되고 위안이 되어 우리가 또 세상을 살아갈 기운을 내게 하고요. 그게 바로 책을 읽는 이유가 아닐까요."

어서어서의 마스코트
읽는 약 책 봉투

"내 이름은 뭐 할라고 물어보는데요?"

아… 첫 손님께 어서어서의 읽는 약 책 봉투에 책을 담아 드리기 위해 이름을 물었을 때 돌아온 대답, 아니 돌아온 질문에 식은땀이 찔끔 흘렀다. 지금이야 누가 뭐래도 어서어서가 키운 최고의 스타가 바로 이 책 봉투지만 당대 최고의 스타도 피해 갈 수 없다는 무명 시절이 어서어서의 책 봉투를 비껴갔을 리 만무한 것. 나 역시 이제는 수백 수천 번 반복하다 보니 인이 박여 아무렇지도 않게 하는 질문이지만 처음엔 몇 번이고 속으로 되뇌고도 수줍고 조심스럽게 입을 뗐다.

"성함이 어떻게 되세요?"

"주문하신 음료 나오면 성함으로 불러드릴게요.""웨이팅 리스트에 성함과 연락처 적어주시면 자리 나는 대로 연락드리겠습니다.""응모권에 성함과 연락처 적어서 넣어주시면 경품 이벤트에 자동 응모됩니다"처럼 한 문장으로 명확하게 설명할 수 있는 개인 정보 요청 사유와 달리 어디서 듣도 보도 못한 '읽는 약 책 봉투'에 쓸 이름을 알려달라니, 내가 손님이었더라도 경계의 뒷걸음질을 치지 않을 수 없었으리라.

책방을 시작하면서 사람들에게 어서어서를 각인시킬, 어디에도 없는 어서어서만의 아이덴티티가 될 만한 것을 찾는 데 많은 공을 들였다. 책방에 대한 간절한 바람과 나름의 소신, 추구하는 책의 결 등 책방의 인상을 만들 만한 요소는 밑그림을 그린 상태였으나 무언가가 부족했다. 어디에도 없는 그 무언가가 필요했다. 고민 끝에 나온 것이 어서어서의 읽는 약 책 봉투다. 책을 담을 봉투가 필요할 테고, 봉투 디자인은 어떻게 하면 좋겠고, 크기와 색깔은 어떠한데 이유는 무엇이며… 등으로 이어지는 순차적인 기획은 아니었다. 많은 것들이 그러하듯 어느 날 갑자기 번뜩 든 생각이었다.

책방을 시작하기 전 한창 피부과를 다닐 때였다. 여기저기

울긋불긋 조그만 뾰루지 같은 게 올라오기 시작하더니 도무지 가라앉을 기미 없이 번졌다. 건강한 몸에 건강한 정신이 깃든 다는 말 그른 것 하나 없이 괜시리 신경이 곤두서고 울적한 마음으로 병원에 다녀오던 날이었다. 진료를 마치고 병원에서 준 처방전을 들고 병원 1층에 있는 약국에 약을 지으러 갔다. 멍하니 앉아 있다 "양상규 씨" 하고 부르는 소리를 듣고 "네"라고 대답하며 몸을 일으켜 약사에게 갔다. 약값을 치르고 약사가 건넨 약 봉투를 받아 들었다. 바로 그 순간이었는지, 그날 집에 돌아와서인지, 그다음 날이나 다음다음 날이었는지는 기억이 흐릿하다. 하지만 바로 그 약 봉투였다. 의사 선생님과 약사 선생님이 처방하고 제조하신 대로 꼬박꼬박 약 잘 챙겨 먹으면 무기력하고 아픈 몸이 얼른 낫겠지, 하는 생각이 '읽는 약'에 이른 것이다.

"아, 이건 저희 어디에나 있는 서점, 어디에도 없는 서점의 콘셉트인데요, 우리가 몸이 아프면 몸을 낫게 하는 약을 처방받아서 먹잖아요. 그것처럼 어서어서에서 만난 책이 읽는 분의 마음을 낫게 해드리면 좋겠다는 생각으로 만든 책 봉투예요. 우리는 정보를 얻기 위해 책을 읽기도 하고 더 배우기 위해 책을 읽기도 하지만, 어쩌면 그보다 더 자주 책을 통해 공감이나 위로나 연대 같은 것들을 얻잖아요. 그게 따듯함이 되고 위안이 되어 우리가 또 세상을 살아갈 기운을 내게 하고요. 그게 바로 책을 읽는 이유가 아닐까요."

물론 바쁠 때는 간단하게 압축되기도 했다.

"저희 어서어서의 콘셉트입니다. 약 봉투에 책을 담아드려요. 여기서 만난 책이 읽는 사람의 마음을 더 건강하게 해주길 바라는 뜻을 담아 만들었답니다."

이제는 설명할 일이 거의 없는 일이다. 행여 책을 무슨 봉투에 담아서 주긴 주는 것 같던데 그것의 정체가 무엇인지는 잘 몰랐던 손님들도 봉투를 받아 들고는 금세 재밌다는 듯 함박웃음을 짓는다.

"읽는 약? 읽는… 약이라고요? 하하하, 말 되네 그거!"

인스타그램에서 책 봉투 해시태그를 단 게시물을 자주 들여다본다. 피드를 가득 채운 책 봉투 사진들을 흐뭇하게 하나씩 넘기다가 종종 그 아래 달린 글을 빤히 바라본다. 어서어서에서 책 봉투를 건넨 낯선 사장에게는 꺼내 보일 일 없었던 속내가 담겨 있기도 하고, 재밌다며 박수를 치던 손님들의 하이텐션 사운드가 고스란히 드러나는 피드도 있다. 어서어서를 찾은 적 없는 이들이 올린 피드는 어쩐지 한 번 더 읽어보게 된다.

여행을 가서도 떠올려지는 누군가가 된다는 것은 제법 근사한 일이다. 읽는 약을 선물 받은 이들과 선물한 손님들을 떠올리면 어쩐지 덩달아 마음이 뜨듯해지는 기분이다. 책 봉투는 이제 고안자인 나라는 개인을 넘어, 어서어서를 넘어, 어서어서라는 공간과 키워드를 즐기는 모든 사람이 함께 그 의미를 거듭하여 새로이 만들어가는 대상이 된 듯하다. 책 봉투에 담긴 뜻이 설명되고, 발견되다가 이제는 독자 한 사람, 한 사람으로부터 저마다의 고유한 뜻이 비롯하는 순서에 이르렀다고 생각한다.

어디에도 없는 책 봉투 때문에 생기는 에피소드도 다양하다. 언젠가는 우리 부모님뻘 되는 듯한 목소리의 어르신이 전화를 걸어 대뜸 화를 냈다. 강한 경상도 사투리를 쓰며 열정적으로 대화하는 모습을 보면 이런 말투가 낯선 다른 지역 사람들은 싸움이 났나 생각을 한다는 우스갯소리가 있다. 하지만 그것도 어르신들이 쓰시는 경상도 사투리에 비교하면 귀여운 수준이다. 평소에 어느 지역의 말을 쓰는지와 상관없이 어르신들이 둘 이상 모인 자리라면 으레 서로 목청 배틀이라도 하듯 쩌렁쩌렁 고함을 치시는, 아니 대화를 하시는 모습을 생각해 보면 이해가 빠를 것이다. 일상화한 목청 배틀과 경상도 사투리의 컬래버레이션은 이쪽에서 삼십 년이 넘게 산 나조차도 주눅 들게 만드는 엄청난 파워를 자랑한다. 조용한 책방에서 받은 전화 너머로 마른 하늘에 날벼락 같은 호통이, 아니 질문이 떨어졌다.

"거 어덴교?!!"

"예?"

"아니, 거 어데냐고요! 도대체 거 뭐 하는 덴교!!"

"어디다가 전화 거셨는데요? 여기는 책방인데요. 아니, 근데 어르신. 대뜸 화부터 내시면 어떡합니까. 무슨 용건으로 전화 거신 건데요?"

"책 파는 데라고요? 약 파는 데 아니고?"

"예. 책 파는 데, 서점이에요."

모두가 화부터 낸 것은 아니다. 근심에 싸인 심각한 목소리로 "그가 어덴교, 거기 뭐 하는 뎁니까?"라고 묻는 어머님, 아버님 들도 계셨다. 자식을 사랑하는 마음을 표현하는 방식은 모두 서로 다르지만, 그렇다. 하나같이 아이들 방에서 책 봉투를 발견하시고는 우리 귀한 자식이 어디 아픈 데가 있나 보다, 하고 가슴이 덜컥 내려앉아 책 봉투에 적힌 번호로 전화부터 거신 것이었다. 병원 다닌다는 말 안 했는데, 어디가 얼마나 안

좋길래 우리한테 말도 안 하고 혼자서 몰래 약을 지어 먹었나.

오해의 소지는 다분하다. 약방에서 실제로 쓰는 약 봉투 디자인을 그대로 따다가 만들기도 했고, 봉투 제일 위에는 커다란 글자로 '읽는 약'이라고 쓰여 있으니 말이다. 살 만큼 살아보고 겪을 만큼 겪어본 어른들은 짐작이 확인을 쉬이 앞선다. 자식 일이라면 불면 날까 쥐면 꺼질까 노심초사하는 마음이 어린 자식에게든 머리가 희끗희끗해진 자식에게든 다르지 않은 게 또 부모의 마음 아니던가. 책 봉투 주인에게는 묻지도 않고 대뜸 낯선 번호로 전화부터 건 그 마음을 알 듯해서 머리로는 이해했지만, 자초지종도 없이 버럭 화부터 내는 전화에 억울한 마음도 들고, 툴툴거리며 대답하기도 했다. 역시 영문도 모른 채로 억울한 일을 당했을 때 가장 쉽게 감정이 앞서는 게 사람인가 보다. 이제는 뭐, 이골이 난 일이다.

우리는 '낫다'라는 단어를 흔히 두 가지 뜻으로 사용한다. 하나는 약을 먹고 몸이 나았다 할 때 '낫다'다. 다른 하나는 개중에서는 이게 제일 낫다, 가구를 바꾸니 집 분위기가 훨씬 나아졌다, 작년보다 올해 농사가 낫네 등으로 쓰는 '낫다'다. 우리에게 낯선 '낫다'도 있다. 지금은 쓰지 않는 옛말에서는 '낫다'라는 단어가 나아가다라는 의미로 쓰인 바 있다고 한다. 어쩌면 우리 모두 한걸음 나아가기 위해서 약을 먹어 몸을 낫게 하고 책을 읽고 나은 생각을 하려고 하는 게 아닐까. 다만 제주 방언으로는 '나쁘다'라는 뜻을 가지고 있다고 하니 나쁜 것만 피하면 될 일이다. 조금도 나쁘지 않은 무해한 책이 당신의 손에 닿기를, 당신의 마음에 전해지기를, 당신에게 한걸음 더 내디딜 용기를 주기를 바란다.

어서어서의 읽는 약 책 봉투.
"어서어서에서 만난 책이 당신
의 마음을 더 건강하게 해주길
바랍니다"라는 뜻이 담겨 있다.

제 3장

드디어,
수익을 내는
서점

'1인 미디어 시대'라는 신조어가 무색하지 않게 인스타그래머나 유튜버 등의 인플루언서들이 미치는 영향력이 어마어마해졌지만, 여전히 텔레비전이나 신문 같은 레거시 미디어의 파급력을 무시하기 어려움을 피부로 느낀다. 어떠한 매체에 소개되었느냐에 따라 다음 날 황리단길을 찾는 사람들의 연령대도 달라진다.

매체의 놀라운 힘

어느 날 코오롱인더스트리(FnC)에서 발간하는 매거진 에피그램EPIGRAM의 담당자로부터 전화 한 통을 받았다. 에피그램에서 경주 여행을 주제로 기사를 싣고자 하는데 어서어서의 분위기가 이번 기사와 몹시 잘 어울리니 취재와 사진 촬영이 가능하겠냐는 내용이었다. 구체적인 촬영 콘셉트 등을 정하기 위해 관계자들이 사전답사를 다녀갔고 촬영이 확정되었는데도 촬영을 하러 연예인이 올 것이라는 사실뿐 그게 누군지는 철저히 비밀에 부친 채로 시간이 흘렀다. 심지어 촬영 전날까지도 연예인 '누가' 화보를 찍으러 오는지 나도 몰랐다. 촬영 당일 아침, 대외비임을 강조하며 사소한 힌트도 흘리지 않던 담당 에디터가 경주에 도착하여 문자 메시지로 사진 한 장을 보냈다. 경주역을 배경으로 서 있는 그 사람은, 바로 배우 공유였다!

세상에, 우리 책방에 공유가 온다고? 어서어서에 배우 공유가 온다고?? 남자인 나도 이 엄청난 배우를 실제로 본다는 사실에 두근거림을 감출 수 없었다. 책방 사장의 체통을 지켜야 한다는 이성과 우리나라, 아니 아시아 대스타가 곧 우리 책방에 행차하리라는 사실에 들뜬 감성이 격렬하게 맞부딪힐 때쯤 촬영 스태프와 진행자, 배우가 도착했다. 반갑게 인사를 나누고 서둘러 촬영이 시작되었다. 사진과 영상이 하나의 전문 분야이자 예술의 한 영역임을 새삼스레 다시금 의식했다. 구석구석 내 손길이 닿지 않은 데가 없는 곳이자 온종일 내 시야가 향하는 공간이었으며 그간 드나든 수많은 사람들이 저마다의 시선으로 담아낸 어서어서가 네모난 프레임 안에서 또 한 번 새로운 모습을 보여주었다. 소담한 서점 이곳저곳을 천천히 걸으며 책을 바라보고, 꺼내어 들추어보는 배우의 모습과 책방의 모습이 어우러진 멋진 찰나가 부지런히 카메라에 담겼다.

그중 메인 화보로 실린 사진이 어서어서를 들어오자마자 오른쪽으로 고개를 돌리면 보이는 벽에 아직까지도 단단하게 붙어 있는 사진이다. 황리단길과 맞닿은 쪽 유리벽에 붙여놓은 기다란 바 테이블에 앉아 쏟아지는 아침의 햇살을 맞으며 책을 넘기는 공유의 그윽한 시선! 이른 아침의 어서어서는 나에게도 다소 낯선 장소였으므로 화보가 담아낸 모습에 감탄을 내뱉었다. 그때까지만 해도 이 사진이 가져올 후폭풍은 조금도 예상하지 못한 채였다.

해당 호 에피그램이 발간되자마자 낯선 손님들이 하나둘 어서어서를 찾기 시작했다. 다른 매체에 소개되었을 때와 확연히 달랐던 점은 눈에 띄게 외국인이 늘었다는 것이었다. 한국인도 있었지만 일본인, 태국인, 베트남인, 필리핀인 등 동아시아와 동남아시아 손님들이 부쩍 늘어났다. 그야말로 어서어서의 글로벌 시즌이었다. 모두가 에피그램 잡지를 한 손에 들고 공유가 다녀간 코스 그대로 경주를 여행하는 손님들이었다. 경주를 여행하는 공유의 사진과 영상은 멋지게 편집되어 에피그램 홈페이지나 매장, 매거진, 광고 등으로 다양하게 알려졌는데, 이를 본 공유 팬들이 아예 그 코스 그대로 경주 여행을 왔다. 공유가 다녀간 거리, 공유가 다녀간 기차역 플랫폼, 공유가 다녀간 툇마루, 공유가 다녀간 책방은 팬들에게는 모두 필수 답사 코스였다. 하물며 어서어서 유리벽 쪽 바 테이블에 앉아서 공유가 뒤적이던 책이 무엇인지 물어 똑같은 책을 사간 사람도 한둘이 아니었다. 말로만 듣던 K-무엇무엇의 위력을 생생하게 실감했다.

에피그램이 경주 여행 콘텐츠를 발간한 2018년 상반기 이후 어서어서를 찾은 사람이라면 의아한 점이 있을 것이다. 아무리 생각해도 그 바 테이블에 의자가 없었던 것 같다는 의문 말이다. 정확한 기억이다. 공유가 다녀간 후 얼마 지나지 않아 공유가 앉았던 의자를 다른 곳으로 옮기고 바 테이블에는 더 이상 의자를 두지 않았다. 공유가 찍은 에피그램 화보와 같은 구도로 사진을 찍으려는 여행객들이 이어지며 장내의 어수선함을 감당하기가 어려울 지경에 다다랐기 때문이다.

드르륵 바 테이블에 놓인 의자를 잡아 당겨 꺼내고, 삐거덕 삐거덕 의자를 요리조리 움직여 자세를 바르게 고쳐 앉고, 사진을 다 찍고 나면 다시 드르륵 의자를 뒤로 밀어 일어나고, 다음 촬영 타자로 같이 온 친구를 앉히면서 자잘한 소음이 끝없이 발생했다. 사진을 찍고 찍어주는 당사자들과 동행한 다른 일행들은 대체로 어서어서나 주변에 잔뜩 쌓인 책에는 관심을 주지 않고 멍하니 가운데 테이블에 앉아서 그들을 기다렸는데, 드물게는 그 수가 일고여덟쯤 되기도 했다.

가장 치명적인 함정은 어떻게 찍더라도 모두가 바라는 그 느낌이 안 나온다는 사실이었다. 공유가 해당 화보를 찍은 때는 어서어서가 문을 열지 않는 이른 아침 시간이었다. 황리단길은 거의 정방향으로 남북으로 길게 길이 나 있는데, 어서어서는 초반에 들어선 가게들처럼 서쪽면에 자리해 가게 정면이 동쪽을 향하는 배치다. 때문에 이른 아침에 해가 깊이 들고 점심에 즈음하여 해가 서점 뒷문 쪽으로 넘어간다. 공식 영업 시간에 따라 일찍 문을 여는 주말에도 아침 열 시, 그 밖의 평일에는 오전 열한 시는 되어야 문을 여므로 그때는 이미 깊숙이 뻗어 있던 햇빛이 한껏 움츠린 다음이다. 한 시간도 채 지나지 않아 해는 책방 반대쪽으로 넘어가버리니 오후에 와서 바 테이블에 앉아 멋진 포즈를 취한들 카메라에 비치는 모습은 사진을 찍고 있는 사람 본인이지 서점 안에서 자세를 잡고 있는 모델이 아니다. 화창한 날일수록 유리벽은 찍는 사람의 모습을 더 선명하게 반사했다. 차라리 해가 뜨지 않은 흐린 날이나 밤에 사진을 찍으면 피사체가 잡히긴 잡혔다. 단단한 아침의 햇빛이 다한 공유의 화보 느낌은 아무래도 살리기가 어려울지라도 말이다.

모델은 서점 안에 앉아 있고 사진은 밖에서 찍어야 하는 여건이다 보니 사진을 찍는 중간중간 자연스레 목소리가 높아졌다.

"찍었나?" "뭐라고?" "다 찍었냐고." "아니, 잠깐만! 고개를 이쪽으로 조금만 더 돌려봐라. 그래, 그래!"

책방 내부를 등지고 앉은 모델도, 거리를 반사한 유리벽 때문에 책방 내부를 선명하게 보지 못하는 오늘의 포토그래퍼도 물색없이 데시벨이 높아져만 갔다. 아… 이건 아니었다. 책을 살펴보고 있는 다른 손님들에게 분명 피해를 주고 있었다. 눈치껏 조심조심 사진을 찍더라도 책을 보러 온 손님들께 방해가 안 될 수 없었다. 어서어서의 공간은 워낙 협소하고, 항상 손님들로 붐비기 때문이다. 유난히 소란하거나 떠드는 손님들이 아니라 할지라도 책방을 가득 채운 과반수의 사람이 사진 찍기에 몰두한다면 책을 읽으러 들어온 사람들은 쉽게 주의력이 분산될 수밖에 없다. 사진만 찍는 손님도 환영하고, 포토존을 고민하여 조성하는 나였지만 책에 집중하고 싶어 하는 다른 손님들을 방해하는 일만큼은 피해야 한다는 것이 철칙이었다. 더 이상 공유 화보의 패러디 사진을 찍는 장소로 방치할 수는 없었다.

의자를 치우고 나서도 어차피 사진에는 나오지 않는 의자 따위 아랑곳하지 않고 열정적인 몇몇 손님들은 무릎을 굽혀 스쿼트 자세를 한 채로 체력 단련과 사진 촬영 두 마리 토끼를 손에 넣었다. 아무리 까칠한 어서어서 사장이라지만 그런 것까지 일일이 간섭할 순 없었다. 여기 책방이거든요! 헬스장 아니거든요!라고 할 수는 차마 없었다. 조용한 책 감상 환경을 만들어야 할 책방 사장이 손님들을 빵 터뜨려서야 되겠는가.

공유의 경주 산책 콘텐츠는 텔레비전 예능 프로그램이나 생활 밀착형 프로그램도 아니었다. 잡지와 브랜드 광고, 브랜드 홈페이지를 통해 한정적으로 뿌려지는 콘텐츠였는데도 한 배우가 미치는 파급력이 어떠한지 실감했다. 낯선 외국어로 또박또박 전하는 외국어로 된 이름을 책 봉투에 꾹꾹 눌러 쓸 때마다 방송과 뉴스에서 말로만 듣던 케이팝, 케이드라마 같은 말의 위력을 느꼈다.

에피그램이 비교적 초창기에 황남동을 찾았다면 황리단길이 점점 더 유명해지면서 각종 방송 프로그램에서 하루가 멀다 하고 촬영을 위해 이곳을 찾았다. 미디어에 노출되면 될수록 황리단길은 더 유명해져 더 많은 사람이 찾아오고, 더 다양한 매체에서 취재 차 방문하는 순환이 이어졌다.

tvN의 예능 프로그램 〈알쓸신잡〉에서 경주를 찾았을 때, 김영하 작가가 황남동에 와서 능이 보이는 한옥 스타일의 펍 이

층에 앉아 피자와 맥주를 즐기는 장면이 나가고 난 뒤로는 방송을 본 사람들이 몰려들어 한동안 김영하 작가가 찾았던 펍이 발 디딜 틈 없이 붐볐다는 이야기를 들었다. 방송을 잘 봤다면서, 일행들의 팔목을 잡아 당기며 여기가 〈알쓸신잡〉에 나온 서점이라면서 어서어서를 찾아오는 손님도 꾸준하게 이어졌다. 의아한 일이다. 〈알쓸신잡〉 방송 팀에서는 어서어서를 취재하거나 촬영하지 않았고 당연히 방송에 나간 바도 없었다. 글을 쓰는 작가가 이 동네를 찾았으니 당연히 서점도 나왔으리라⋯ 하는 추론이었을까? 아니면 몇몇 손님들이 다른 방송 프로그램과 〈알쓸신잡〉을 혼동하신 걸까? 아직까지도 미스터리다.

'1인 미디어 시대'라는 신조어가 무색하지 않게 인스타그래머나 유튜버 등의 인플루언서들이 미치는 영향력이 어마어마해졌지만, 여전히 텔레비전이나 신문 같은 레거시 미디어의 파급력을 무시하기 어려움을 피부로 느낀다. 어떠한 매체에 소개되었느냐에 따라 다음 날 황리단길을 찾는 사람들의 연령대도 달라진다. 평소에는 젊은 층이 많다면 신문에 소개되고 난 다음에는 중년층 여행객들이 눈에 띄게 늘어난다.

텔레비전에 방송이 한번 나가고 난 다음에는 한동안 급격하게 증가한 인파가 이 길을 휩쓸고 지나간다. 갑자기 어느 집의 웨이팅이 평소와 달리 급격하게 늘어나거나 특정한 장소에서 사람들이 사진을 찍기 위해 종일 줄을 서는 진풍경이 펼쳐진다면, 그 장소가 전날이나 전전날쯤 방송에 나왔다고 보면 거의 맞다.

손님들의 구매 성향을 파악하고 책이 팔리는 속도를 가늠하며 어떤 책을 얼마나 들일지 하루하루 분주하게 배워가던 9월 어느 날, 책을 주문하러 들어간 북센 홈페이지에 '택배 접수 조기 마감'이라는 공지가 떴다. 이것이 솔드 아웃의 예고편이었을까.

SOLD OUT,
책 구해 오겠습니다!

2017년 추석을 다들 기억하시는지. 10월 3일 화요일부터 5일 목요일까지였던 추석 연휴 앞뒤로 정부가 지정한 임시공휴일(2일 월요일)에 개천절 대체 휴일(6일 금요일), 한글날이었던 그 다음 주 월요일까지 더해 9월 30일 토요일부터 10월 9일 월요일까지 무려 열흘에 걸친 사상 가장 긴 추석 연휴가 슬금슬금 다가오고 있었다. 책방을 시작한 지 세 달 남짓한 바쁘고 해맑은 주인에게 열흘의 휴일이 몰고 올 파장도 예고하지 않은 채 여느 때처럼 시간은 하루하루 착실하게도 흘러갔다.

물론 주인이라고 넋 놓고 놀았을 리가 있으랴. 시범 운영-가오픈이라는 말을 사용하기 전이었다-에 들어간 지 며칠 지나지 않아 본격적으로 영업을 시작하면서 매일매일이 해결해야 할 시험과 과제의 연속이었다. 부랴부랴 포스를 대체할 소형 카드 리더기를 갖추었고, 도서 유통 경로를 찾아 헤맸고, 어서어서의 시작과 함께 찾아온 장마에 우는 책들을 번갈아 책더미로 눌러가며 분주했고, 에어컨을 들였다. 책방 운영 노하우를 매일매일 몸으로 부딪치며 터득하는 와중에 손님들과 책에 관한, 경주에 관한 질문을 하고 이야기를 나누느라 정신없는 날들이 흘러갔다. 연휴 사이에 낀 월요일 하루가 임시공휴일로 지정된다는 뉴스가 나온 것이 9월 초 무렵이었던가. 이레였던 휴일이 열흘이 된다 한들 이러나 저러나 책방 문을 여는 것은 매한가지, 황리단길을 찾는 나들이객이 많겠구나 하는 생각에 그쳤을 뿐이었다.

　손님들의 구매 성향을 파악하고 책이 팔리는 속도를 가늠하며 어떤 책을 얼마나 들일지 하루하루 분주하게 배워가던 9월 어느 날, 책을 주문하러 들어간 북센 홈페이지에 '택배 접수 조기 마감'이라는 공지가 떴다. 이것이 솔드 아웃의 예고편이었을까. 휴일은 열흘이었지만 실제 택배 휴무일은 거의 보름에 가까웠다. 보름 동안 팔릴 책을 가늠하는 것은 3개월 차 책방 사장이 명쾌하게 답을 내놓을 만한 난이도의 문제가 아니었다. 게다가 처음 맞는 '명절' 연휴 아니던가. 얼마나 많은 사람들이 이 거리를 찾을지, 평소와는 또 다를 손님군들이 어떤 책을 얼마나 살지 파악하는 건 불가능했다. 뭐 그건 책방 주인 4년 차인 지금도 여전히 갈고닦아야 할 바이니 4개월 차도 되지 않았던 그때는 말해 무엇하랴. 얼마간 얼떨떨하고 갈팡질팡한 채로 연휴라는 판도라의 상자가 열렸다.

평소에는 책이 한 권씩 팔릴 때마다 기쁨 주머니에 구슬이 하나씩 쌓였는데, 어쩐지 이번에는 걱정 주머니도 조금씩 배를 불렸다. 거우 연휴 둘째 날인데 내 눈에는 책장 빈 곳이 평소보다 더 허전해 보였다. 연휴 중반에 다다르자 책이 줄어든 것을 손님들도 알아차릴 지경이 되었다. 나들이를 나온 이들은 더 불어났다. 여행객들에 더해 차례를 지내고 가족끼리 산책을 나온 이들까지 모여들어 황리단길이 더욱 북적거렸다. 결국 연휴를 사흘 하고 오후 한나절 남겨둔 6일 낮 두 시, 급하게 안내문을 붙이고 문을 닫았다. 안내문에 쓴 것은 일곱 글자,

'SOLD OUT'

11시에 문을 열었지만 채 세 시간이 되지 않아 그나마 남아 있던 몇 안 되는 책이 다 떨어졌다. 물론 'SOLD OUT'이라는 문

자 그대로 책이 한 권도 없었던 것은 아니다. 다만 남아 있는 책들은 대부분 어서어서의 책장을 오래 지키고 있는 책들이었다. 많은 손님들이 찾는 책들, 그러니까 팔 만한 책이 다 떨어져 빈손으로 돌아가는 손님들이 하나둘 눈에 띄기 시작했다. 걱정하던 순간이 오고야 말았다. 책이 줄어드는 것을 보면서 연휴 내내 어떤 방식으로 영업을 해야 할지 고민했다. 매출도 매출이지만 대체로 어서어서에 처음 온 손님들에게 살 만한 책이 없는 서점이라는 이미지를 주는 일은 피해야 한다는 생각이 강하게 들었다. 어떻게든 책을 구해야 했다. 수소문 끝에 대구에 소규모 도매업체가 있다는 정보를 입수했다. 팔 만한 책이 바닥을 보인 6일 오후, 과감하게 결단을 내리고 서점 문을 잠갔다. 인스타그램 공지 계정에 책을 구하러 떠난다는 글을 올리고, 책방 입구에는 'SOLD OUT'이라는 안내문을 붙인 다음 서둘러 대구로 향했다.

　그날 처음 얼굴을 마주한 도매업체 이사님은 어리둥절한 목소리로 되물었다. "책이 다 팔렸다고?" 말씀드린 목록을 챙겨주시면서도 내내 책을 대체 얼마나 팔길래 이 연휴에 대구까지 쫓아왔는지 호기심을 감추지 않으셨다. 어서어서를 3년 남짓 운영하며 이제는 대구 총판 이사님과도 아주 가까워져서 깜빡

하고 주문을 잊어버린 주말이나 갑자기 책이 떨어진 날이면 언제든지 연락을 드리고 책을 구하러 출동한다.

책을 구해 돌아오는 길도 순탄하진 않았다. 대구에서 경주까지 온 것보다 경주에 들어서서 황남동까지 오는 데 시간이 더 오래 걸렸다. 고향을 찾은 이들과 나들이를 나온 이들의 차량이 뒤섞여 도로 곳곳이 주차장을 방불케 했다. 인스타그램 공지 계정에 쓴, 다시 문을 열기로 약속한 시간을 훌쩍 넘겨서야 어서어서에 도착했다. 몇몇 손님들은 감사하게도 먼 길을 달려온 책을 기다려주었다.

6일뿐만 아니라 그다음 날도, 다다음 날도, 부족한 책을 사기 위해 남은 연휴 내내 거의 매일 대구를 들락거렸다. 겨우 책을 구해 왔더니 이번에는 책 봉투가 바닥을 드러냈다. 셔터를 내린 인쇄소의 문을 두드려 겨우겨우 책 봉투를 확보하면서도 진땀을 뺐다. 마침내 연휴가 끝이 나고 10일이 되어 재개된 택배 배송으로 북센에서 주문한 책이 어서어서에 도착했을 때의 안도감은 아직도 생생하다. 정전이나 단수가 하염없이 이어지던 끝에 불현듯 전기가 들어오고 물이 콸콸 쏟아지는 날의 기분이 그러할까! 비상대책훈련 한번 야무지게 치른 첫 추석 연휴의 좌충우돌 스토리는 그렇게 마무리되었다.

의견이 나뉘는 부분은 바로 서점이라는 공간을 배경으로 찍는 그 밖의 모든 사진들에 대해서다. 식어버린 음식이나 배경으로서 그 역할을 다하는 미술품, 맛보다 비주얼로 평가받는 디저트처럼 서점이 이미지로 소비되는 것에 대한 우려 섞인 목소리가 여기저기서 터져 나온다.

사진만 찍고 가셔도
괜찮습니다

우리 부모님 세대가 평생 동안 찍었을 듯한 양의 사진을 우리 세대는 하루만에 찍기도 한다. 모든 것은 사진에서 시작해 사진으로 끝난다고 해도 과언이 아니다. 디지털카메라의 등장으로 말미암아 사진 찍기를 즐기는 아마추어들의 활동 반경이 넓어졌다면, 스마트폰 카메라의 눈부신 발전은 사진 찍기에 조금도 관심이 없었던 보통 사람들조차 시도 때도 없이 휴대폰을 꺼내 카메라 앱을 켜고 사진을 찍게 만들었다.

사진 찍기는 이제 사람들의 행동 양식을 바꿔놓기에 이르렀다. 순서대로 차례차례 나오는 코스 요리를 한 컷에 예쁘게 담기 위해 메인 디시인 육류 요리가 나올 때까지 애피타이저와 샐러드, 수프 등을 먹지 않고 기다리는 손님은 셰프를 애타게 만든다. 차가울 때 먹어야 하는 요리와 뜨겁게 먹어야 하는 요리가 모두 미지근하게 식어버려 가장 맛있는 순간을 놓쳐버렸기 때문이다. 미술 전시회장은 일순간 격동의 시대를 거친 듯한 분위기다. '촬영 금지'라는 주의 사항은 부러 안내할 필요도 없는 미술관의 불문율이었으나 이제는 반대로 사진 촬영을 장려하는 전시가 훨씬 더 많아졌다. 사진을 남기기 좋은 전시와 관람을 목적으로 하는 전시의 구분이 점점 더 뚜렷해지고 있는 양상으로, 사진을 남기기 좋은 전시장에서는 애초에 '관람'의 대상으로서의 전시 대신 촬영의 '배경'으로서의 전시를 꾸몄음을 충실하게 드러낸다.

커피 맛이 정말 좋은 카페와 사진을 남기기 좋은 화려한 비주얼의 카페도 양분화하고 있다. 단지 사진이 예쁘게 나오는 배경이라는 이유로 유명해진 몇몇 스폿도 있다. 어떠한 산골 오지라도, 내비게이션으로는 검색할 수 없는 장소라 하더라도 알음알음 도착한 그곳에는 사람들로 바글바글하다. 혀를 내두르게 하는 우리나라 사람들의 사진에 대한 열정만큼 실력도 출중해서, 설사 혼자 외국 여행을 하더라도 지나가던 한국인에게 카메라를 맡기면 십중팔구 인생샷을 남길 수 있다는 말도 있다. 남 얘기 같지 않을 것이다. 한 장만 찍어주시라는 부탁에 스마트폰을 건네받아 연신 "한 번만 더 찍을게요!"라고 외치던 경험, 당신에게도 있을 테다. 이렇게 찍어야 길어 보인다며 바닥에 쪼그리고 앉아 고개를 한껏 꺾어 사진을 찍어준 경험이 있다면, 당신은 한 치의 의심할 바 없는 우리나라 사람!

한편 때와 장소를 가리지 않는 사진 찍기에 대해서는 갑론을박이 점점 더 심화하는 모양새다. 다른 손님에게 피해를 주는 과도한 사진 촬영은 금지한다는 곳이 점점 늘어나는 추세며, 개중에는 아예 개인의 사진 촬영 자체를 금지하는 곳도 있다. 상업적인 사진 촬영을 금지하는 곳은 그전부터 더러 볼 수 있었는데, 이제는 사용료를 내고 일정 시간 동안 장소를 대여하는 형태로 상업 촬영을 허락하는 경우가 보편적으로 자리 잡은 듯하다.

상업적인 용도가 아닌 보통 사람들의 사진 촬영은 모두가 공감하는 암묵적인 기준이 없어 난감한 처지다. 서점에서도 예외는 아니다. 나를 비롯하여 거의 모든 책방 사장님들이 한 가지 명백하게 사진 촬영을 금지하는 상황은 있다. 책의 본문 사진을 연거푸 찍는 경우다. 이는 저작권법에 위배되는 행동으로 우리 어서어서뿐만 아니라 모든 서점과 도서관, 북카페 등 책을 볼 수 있는 장소에서라면 누구나 지켜야 하는 사회 질서다. 전자책 서비스를 이용해 본 사람이라면 전자책을 읽다가 휴대전화의 캡처 버튼을 눌렀을 때, 작품을 캡처한 스크린샷을 유포하거나 공유할 경우 법적인 제재를 받을 수 있다는 경고 메시지를 본 기억이 있을 테다. 도서관에서도 책을 복사하거나 스캔할 때 주의 사항으로 안내하는 바다. 구매한 책을 개인 소장용으로 촬영하는 경우는 얼마든지 상관없지만, 배포한다면 문제가 된다. 구매하지 않은 책의 상당수를 촬영하는 것은 영화관에서 스크린에 상영되는 영화를 몰래 촬영하는 것과 마찬가지로 저작권법을 위반하는 행위다.

　의견이 나뉘는 부분은 바로 서점이라는 공간을 배경으로 찍는 그 밖의 모든 사진들에 대해서다. 식어버린 음식이나 배경으로서 그 역할을 다하는 미술품, 맛보다 비주얼로 평가받는 디저트처럼 서점이 이미지로 소비되는 것에 대한 우려 섞인 목소리가 여기저기서 터져 나온다. 비단 책을 팔거나 만드는 사람뿐만 아니라 모든 문화예술계에 종사하는 이들이 하나같이 고민하는 바이지만, 어느 한쪽이 옳다고 명확하게 말하기 어려운 문제다.

무릇 문화적인 산물이란 경험을 통해서만 의미를 가지는 대상이라 주장한다면, 경험이 포괄하는 범위는 구체적으로 어디서부터 어디까지인지를 다시 논해야 하기 때문이다. 모두가 흉물이라 손가락질했던 에펠탑이 시간이 흐른 뒤에 전 세계인을 파리로 끌어모으는 최고의 관광상품이 되었듯, 커다란 변화의 소용돌이 속에서 함께 휩쓸릴 때는 지금 지척에서 일어나고 있는 변화의 의미가 무엇인지 파악하기 쉽지 않다.

쉽게 답이 나오지 않을 거시적인 고민 대신 책 장사를 하는 어서어서 사장으로서의 의견을 밝히자면, 내 생각은 분명하다. 사진만 찍고 가는 손님도 대환영이라는 것. 책방을 처음 시작할 때부터 가졌던 마음으로, 누구든지 어서어서에 와서 사진만 찍고 가도 성공이라고 생각했다. 오다가다 동네 사람들이라면 누구나 한 번씩 시선을 돌릴 만한 요충지에 연 가게도 아니고 그랜드 오프닝을 알리는 광고를 대대적으로 해줄 본사가 있는 프랜차이즈 매장도 아니라면 과거에는 사람들의 입소문에 기대는 수밖에 없었지만, 바야흐로 뉴스보다 빠른 개인 SNS 계정이라는 막강한 홍보 채널이 도래했다. 가오픈한 지 일주일도 안 된 카페에 빈 자리를 찾아보기 어려운 진풍경이 펼쳐진다면 백이면 백 SNS를 통한 입소문 때문이다. 근처에 거주하는 사람들을 모았던 과거의 홍보 방식과 달리, 가깝든 멀든 가겠다는 의지가 있는 모두가 곳곳에서 찾아온다는 점도 달라진 모습이다.

어서어서 역시 이제 막 사람들이 모여들기 시작했으나 아직은 한가한 편이었던 황리단길에서 장사를 시작한 만큼, 황남동 대릉원 뒷골목에 이러저러한 책방이 생겼다는 홍보가 절실했다. 책을 사지 않고 사진만 찍고 가는 손님들도 고마운 손님들이었다. 애초에 책 봉투며 책갈피, 감각적으로 책을 진열한 서가, 괘종시계나 풍금과 같은 각종 아날로그 장치들, 입구의 정류장 플라스틱 의자 등을 구상할 때 적게든 많게든 이들이 어서어서에서 이미지로서 어떤 역할을 할 것인지를 고려했다. 한때 사진을 업으로 삼을 만큼 사진 찍기를 좋아했으니 인스타그램이라는 새로운 소셜미디어에 일찌감치 눈을 떴고, 그 무서운 확장세를 유심히 지켜보았다. 2017년에 처음 문을 여는 서점이라면 응당 전하고자 하는 메시지를 시각적으로 나타낼 수 있어야 했고, 이곳을 찾은 손님들이 내가 의도한 어서어서의 여러 요소들을 사진으로 담아 온라인 공간에 게시한다면 그것만큼 완벽한 전개가 없었다.

'#어서어서' 혹은 '#책봉투', '#읽는약' 등의 해시태그를 열심히 검색해서 피드에 댓글을 남기는 일은 어서어서를 해시태그로 단 첫 번째 게시글부터 바로 어제 올라온 게시글까지 한 번도 빠뜨리지 않은 나의 중요한 일과다. 피드의 수 자체가 너무 많아지면서 처음처럼 오밀조밀하게 소통을 하고 있지는 못하다. 그래도 책 봉투를 올려주시는 분들께는 "꼬박꼬박 드세요"라는 댓글을 빠짐없이 달고, 서점 사진을 올려주시는 분들께는 "어서어서를 예쁘게 담아주셔서 고맙습니다"라는 댓글을 꼬박꼬박 단다.

매출이 생기려면 판매가 일어나야 하고, 판매가 일어나려면 손님이 찾아와야 한다. 그 손님이 책을 성의없이 들추든, 책보다는 사진 찍기에 관심을 갖든, 오래도록 몇 권의 책을 들여다보다가 어렵게 고른 한 권을 품에 안고 돌아가든 그것도 모두 서점 문턱을 넘은 다음 이야기다. 즉, 손님이 서점에 들어오게끔 하는 게 구매를 유도하는 것보다 무조건 먼저다. 매출에 개의치 않는 순수한 작업실형 책방이라면 모르겠지만, 알려지지도 않은 채로 책만 팔리기를 바란다는 것은 틀림없는 모순이다.

안타까운 것이라면 SNS에 어서어서를 배경으로 멋진 포즈를 취한 사진이나 서점의 풍경, 책 봉투 등이 도배가 되는 모습이 자칫 인증숏을 남기러 가는 책방이라는 인상을 주기도 한다는 점이다. 또한 사람들로 너무 북적일 때나 얼마간 들뜬 분위기가 감돌 때는 조용히 책을 살펴볼 수 있는 서점이 아닌가 보다 하고 발걸음을 돌리는 손님들도 있다는 점도 무시할 수 없는 현상이다. 책 그 자체에 관심이 있는 이들 가운데 어서어서의 문을 열기를 주저하는 경우가 있음을 알게 될 때는 조금 슬픈 마음이다. 공간을 확장할 여유를 확보하여 머지 않은 미래에는 책을 그 자체로 오롯이 즐기고자 하는 손님들을 위한 공간도 마련하고 싶다. 아직은 그 형태가 어떻게 될지 가늠이 어렵지만, 생각을 멈추지 않으니 언젠가는 그 윤곽이 드러나리라 믿는다. 그때까지 어서어서에서는 이곳을 배경으로 사진 예술에 열을 올리는 이들을 변함없이 환영할 것이다. 마치 촬영용 스튜디오로 착각한 양 주변 사람들을 배려하지 않는 무분별한 사진 찍어대기만 아니라면, 얼마든지 기꺼이 그럴 것이다.

#어서어서를 검색했을 때 가장 많이 나오는 이미지는 역시 주황색 의자와 책 봉투다.

어서어서의 정기 휴무일은 매월 마지막 주 월, 화, 수요일 사흘이다. 문을 열었을 때부터 정해놓고 한 번도 바꾸지 않은 정기 휴무일이지만 항상 사전에 고지하고 문을 닫으며, 그 밖에 문을 닫은 날은 단 하루도 없다. … 십여 분 정도 지각을 한 적은 몇 번 있지만 그게 전부다.

서점을 위해 지켜야 하는
영업 시간과 정기 휴무

세대 차이에 관해 이토록 심도 깊은 대화를 나눈 적이 종전에 있었던가 싶다. 요즘 애들은 정말…이라고 운을 띄워놓고 혀를 끌끌 차다가도, 고대 동굴 벽화에도 몇몇 전문가만 해석할 수 있는 문자로 '요즘 젊은 것들은'으로 시작하는 말이 등장한다는 이야기를 곁들이면서 컬처쇼크를 유머로 승화한 것이 그리 오래전이었던가.

언제부터였는지 모르게 세대 차이와 세대 갈등을 대하는 태도는 사뭇 진지해졌다. 다른 세대는 이해하지 못하는 밀레니얼 세대를, 다른 어느 세대도 알려고 든 바 없는 고령층을 분석하는 책이 쏟아졌다. 그러자 우리는 우리가 제일 잘 안다고 당 세대가 직접 나서서 발언하는 책도 뒤따랐고, 더 나아가 모든 집단주의를 잠재우는 인간 존중을 외치는 글이 사람들의 반성을 촉구하기에 이르렀다. 혐오를 양산하는 밑도 끝도 없는 편 가르기 콘텐츠에 비하면 몹시 신사적인 풍경이다. 결론이 나지 않는, 결론이 날 수 없는 이야기라는 점에서는 매한가지지만 말이다.

자영업의 세계에도 세대 차이가 존재한다. 가게 정보에 휴무일과 영업 시간, 브레이크 타임이 이토록 명확하게 표기된 게 그리 오래된 일이 아닌 걸로 기억한다. 식당의 경우 과거에는 별달리 쉬는 날도 없이 1년 365일 영업하는 경우가 대부분이었고, 오래된 식당들은 여전히 그러하다. 근면 성실이라는 단어를 그대로 체화한 이들은 자기가 선 곳이 어디든 뿌리를 내린 자리에서 그야말로 최선을 다했다. 최선이라는 말의 한계가 어디인지를 증명이라도 하듯 할 수 있는 모든 노력을 했다. 해외 이민 1세대들이 현지에서 악착같이 장사를 해 돈을 꽤 벌었다는 이야기가 바다를 건너 무용담처럼 들려왔지만 우리나라에서였다면 사람들 입에 오르내릴 일 없는 흔한 부지런함 가운데 하나였으리라.

그다음 세대의 키워드는 근면 성실이 아니다. 새로운 세대의 키워드는 욜로, 가심비, 소확행이다. 노력은 '노오력'으로 희화화된다. 내일은 무슨 일이 생기든 놀고 먹자는 작정이라고 생각한다면 엄청난 오해다. 최선을 다하는 삶을 살되 그 삶에서 가장 먼저 돌볼 것은 나 자신이며, 지금 이 순간 나의 행복이라는 것일 뿐이다. 새로운 세대는 손님이 내킬 때면 언제든지 찾을 수 있는 항상 문을 연 가게를 꿈꾸지 않는다. 꼭 해보고 싶었던 일을, 자신이 정말 즐겁게 할 수 있는 일을 하는 자신만의 공간을 꾸린다.

잘하려고 애쓰는 것만큼이나 워라밸을 지키기 위해 노력한다. 영업일과 영업 시간도 다양해졌다. 일요일이나 월요일에 쉬는 것이 암묵적인 룰이었지만 이제는 수요일이나 목요일이 휴일인 곳도 많아졌다. 평일 점심에만 영업을 하는 식당이나, 주말에만 문을 여는 가게도 있다. 어디를 가겠다고 마음을 먹으면 영업 시간부터 확인하는 것이 필수인 이유다.

문제는 '나의 생활을 지키는 자영업'에서 발휘되는 유연함이 종종 지나치게 유연하다는 점이다. 생각보다 휴무를 쉽게 결정하는 경우도 여럿 보았다. 그저 오늘은 문을 열 기분이 아니라서, 갑자기 어디 가고 싶은 곳이 생겨서 문을 닫는 경우도 있었다. 즉흥적인 상황답게 공지 또한 뒤늦거나 충분히 알리지 못하는 편일 때가 많다. 나는 그것만은 반대다. 회사원이 내키는 대로 출근하지 않듯이, 거래처에 정기적으로 물건을 대는 일이나 택배 배달처럼 일정을 약속한 일을 하는 사람들이 쉽게 휴무를 결정하지 않듯이, 올지 오지 않을지 모르는 불특정 다수의 손님을 상대하는 가게 또한 가지는 무게감은 똑같다고 생각한다. 아니, 어쩌면 더 무거울지 모른다. 회사원이 가끔 급하게 휴가를 내고 불쑥 여행을 다녀오더라도 회사에서 입지가 당장 위태로워지거나 해고를 당하는 일은 없겠지만, 문 닫힌 가게에 헛걸음을 하는 손님들이 하나둘 늘어나다 보면 가게를 향한 관심이 사그라지는 건 시간 문제다.

어서어서의 정기 휴무일은 매월 마지막 주 월, 화, 수요일 사흘이다. 문을 열었을 때부터 정해놓고 한 번도 바꾸지 않은 정기 휴무일이지만 항상 사전에 고지하고 문을 닫으며, 그 밖에 문을 닫은 날은 단 하루도 없다. 공휴일이나 연휴와 겹치면 조절을 하기도 하는데, 휴일에 맞춰 여행 온 이들이 어서어서 손님의 다수를 차지하기 때문이다. 이 경우 역시 충분히 공지한다. 십여 분 정도 지각을 한 적은 몇 번 있지만 그게 전부다. 어서어서를 찾는 사람들 대부분이 다른 도시에서 여행을 온 사람들이라는 점은 마음을 더욱 다잡게 한다. 길어봐야 며칠, 짧게는 하루나 한나절을 머물면서 시간을 내어 어서어서에 들르는 손님들도 있기 때문이다.

주말에 열리는 결혼식에도 거의 참석하지 못한다. 가족이나 정말 가까운 사람의 결혼식 같은 경우에만 얼굴을 비추었다. 그마저도 오후 두 시 전에 책방에 돌아올 수 있을 때 이야기다. 한 시 이후에 열리는 결혼식에는 한 번도 참석하지 못했다. 꼭 참석해야만 하는 자리가 있을 땐 넉넉한 시간을 두고 사전에 SNS를 통해 문을 조금 늦게 연다는 사실을 공지하며 손님들께 양해를 구했다. 몸이 많이 아팠던 날도 있었는데, 병원에 갔다가 약을 지어먹고 책방 문을 열었다. 연중무휴로 운영해도 직원에게 영업을 잠깐 맡겨두고 볼일을 볼 수 있었던 은화수 식당과 달리, 한 달에 삼 일을 연속으로 쉬더라도 문을 연 동안에는 모든 일을 내가 살펴야 하는 어서어서를 운영하는 쪽이 훨씬 압박감이 컸다.

영업 시간과 휴무일만큼은 꼭 지키려고 하는 건 애써 찾아간 곳이 문을 닫았을 때 느끼는 허망함을 너무나도 잘 알기 때문이다. 며칠 전, 최소한 하루 전에라도 SNS를 통해 공지한다면 모르겠다. 하지만 오픈하기 두세 시간 전에 갑자기 휴무 통보를 하거나 아예 알림도 없이 문을 닫는 곳도 있다. 오다 가다 들르기 쉬운 근처 동네 사람들도 마음먹고 찾은 날 불 꺼진 가게 안을 보면 아쉬운 마음이 드는데 다른 동네나 다른 지역, 드물겠지만 다른 국가에서 애써 찾아온 손님들이 느끼는 허망함은 어느 정도겠는가.

나 역시 한 달에 삼 일뿐인 아까운 휴일을 살뜰하게 즐기기 위해 가고 싶었던 곳 리스트에서 추리고 추려 선택한 곳이 알림도 없이 문을 닫았던 경험이 있다. 그런 곳은 아무리 가고 싶었던 곳이라도, 다시 갈 기회가 오더라도 절대 다시 발걸음을 하고 싶지 않지만… 하, 솔직히 말하자면 그럼에도 불구하고 다시 찾은 곳들도 있다. 그러나 꽁한 마음을 숨길 수는 없다. 너무 예민한 거 아니냐고 생각하는 이들도 있을지 모르겠으나 영업 시간과 휴무일은 손님과의 약속이라 생각한다. 손님은 왕도 아니고 최고도 아니고 손님은 손님일 뿐이지만 그 손님들이 있어서 오늘도, 내일도 가게 문을 열 수 있는 것이다.

확신은 언제나 조심스러워야 하고, 다짐은 항상 두려워해야 한다. 사람인지라, 예상치 못한 상황은 누구에게나, 언제라도 펼쳐진다. 지금까지는 내가 정한 규칙을 잘 지켰지만 당장 내일이라도 갑자기 하루 문을 닫아야 하는 일이 벌어지지 말라는 법도 없다. 그래도 용기를 내어 다짐한다. 나는 최선을 다해 손님들과의 약속을 지킬 것이라고. 그것이 어서어서를 지키는 기본 중의 기본이라 믿는다.

눈앞에 놓인 일상을 살아내는 데 부쳐 쉽게 미루어버리지
않고, 지금 이 순간 가장 잘 지켜내고 있는 세 가지를 꼽자
면 매달 마지막 주 월, 화, 수요일에 갖는 정기 휴무와 축구
그리고 커피라고 할 수 있다.

자신을 위해
지켜야 하는 몇 가지

생활이 바쁘고 피곤하다 보면 쉽게 포기하게 되는 것들이 있다. 몸과 마음을 채워주는 건강한 한 끼 식사를 포기하는 일은 무척 쉽다. 먹는 데 5분이면 충분한 입에 단 음식이 스마트폰 터치 몇 번으로 우리 손에 들려진다. 몇 걸음마다 나타나는 편의점에서 파는 간편식 메뉴의 진화는 놀라울 정도. 편의점 삼각김밥으로 한 끼를 때울까 말까 하고 고민하던 게 언제인지, 일단 편의점에 들어가 진열대 앞에 선 다음 어느 간편식을 먹을지를 고민하게 되었으니 말이다. 잠들기 전 십 분쯤 책 읽기를 건너뛰고, 자주 만나지 못하는 가까운 사람에게 문자 메시지 한 통 보내는 일을 미루고, 운동과 설거지를 내일 할 일 목록으로 넘겨버리는 일들은 또 어떠한가. 한때는 간절히 바랐던, 꿈이라 부를 만한 것들을 종종 꺼내어 들춰어보기를 게을리하게 된다는 점은 얼마간 쓸쓸해지는 일이다. 하루하루 눈앞에 놓인 삶을 살아내는 것의 무게감이 그러하다.

좋아하는 위스키와 담배를 지키기 위해 집을 포기하는 영화 〈소공녀〉의 주인공 미소에 비할 바는 아니겠지만, 나를 지키기 위해 인생과 타협하지 않는 일들이 나에게도 몇 가지 있다. 눈앞에 놓인 일상을 살아내는 데 부쳐 미루어버리지 않고, 지금 이 순간 가장 잘 지켜내고 있는 세 가지를 꼽자면 매달 마지막 주 월, 화, 수요일에 갖는 정기 휴무와 축구 그리고 커피라고 할 수 있다. 정신없이 계산을 하고 힘을 써서 수많은 책을 정리하다가 머리도, 마음도 환기하기에는 아이스 카페라테 한 모금만큼 완벽한 게 없다. 부산스러울 것 없는 조용한 작은 책방에서 차분하게 하루를 보내다가 폭발적인 에너지를 끌어 올리는 축구는 또 어떤가. 해가 진 저녁 운동장을 숨이 턱 끝까지 차도록 뛸 때면 피로가 말끔하게 사라지며 지금 운동장을 뛰고 있는 사람이 소년이었던 나인지, 지금의 나인지 겨를 없이 잊어버리고 만다. 가고 싶은 곳이 생길 때마다 마음에 차곡차곡 담아두었다가 고르고 골라 떠나는 삼 일의 여행은 기다림까지도 즐거운 일이다. 커피는 나의 하루를, 축구는 나의 일주일을, 여행은 나의 한 달을 완성한다.

하루의 커피

미각이 뛰어난 편은 아니라고 생각한다. 음식 투정이 별로 없는 편이다. 하지만 커피만큼은 다르다. 맛있는 커피만 마시기에도 하루가 부족하고 인생이 짧다. 원래부터 끼니를 꼬박꼬박 챙기는 편은 아니었지만 식당을 하고 책방을 운영하면서 식사를 놓칠 때가 많아졌다. 책방 일은 물리적인 활동량이 아주 많은 편은 아니라서 배부른 식사가 필요치 않기도 하다. 몸이 무거워지면 운동을 할 때 힘이 부치기 때문에 일부러 양껏 먹지 않는 것도 있다. 그러다 보니 자연스레 좋아하는 커피가 끼니를 때우기 위한 식사를 대신하게 되었다. 약속이 있는 저녁이나 손님이 찾아와 잠깐 요깃거리를 함께할 때가 아니라면 종일 입에 넣는 것이라고는 커피 몇 잔이 전부다. 밥은 건너뛰어도, 커피만큼은 꼭 마셔야 한다. 하루의 오아시스랄까. 커피가 한 방울도 없었다면 어서어서에서일지라도 어딘가 조금은 팍팍했을 것이다. 문을 열어놓고 재빠르게 다녀올 수 있는 곳에서 맛있는 커피를 팔아서 얼마나 다행인지 모른다.

종일 어서어서를 지키다가 책방 문을 열고 나서는 순간은 그러니까 커피를 사러갈 때가 유일하다. 커피를 사러가야 할 때가 가까워지면 어서어서에 모여 있는 이들을 꼼꼼하게 살핀다. 들어온 지 오래된 손님이 있는가, 이 책 저 책 유심히 살펴본 뒤에 마음을 정한 듯 어느 책 하나를 손에 꼭 쥐고 있는 손님이 있는가, 곧 계산을 할 요량으로 가방을 뒤적이는 손님이 있는가? 계산이 임박해 보였던 손님 한 분에게 책값을 받고 나서 모두가 지금 손에 든 책에 푹 빠져 있음을 확인하면, 바로 이때다. 커피를 사러 갈 때!

'커피 사러 다녀오겠습니다'라고 쓴 팻말을 계산대 앞에 올려두고 씩씩하게 문을 열고 나간다. 어서어서와 황리단길의 시작을 함께한 카페 노워즈가 30m 남짓한 거리에 있었을 때는 커피를 사서 돌아오는 데 순식간이었지만, 노워즈가 황리단길 북쪽 입구에 자리한 건물 2층으로 이사를 하고 난 뒤에는 노워즈에 다녀오는 데 약간의 시간이 더 걸린다. 그 사이에 커피를 파는 곳이 많이 늘어나서 매번 어느 곳에 커피를 사러 갈지 행복한 고민에 빠진다. 텐커피, 향미사, 가배향주, 고도커피 등도 자주 가는 카페인데, 하나같이 수준급의 커피를 만든다. 커피

플레이스의 커피도 무척 좋아하지만 어서어서에서 걸어서 다녀오기에는 조금 거리가 있어서 영업 중에는 가기가 어렵다.

오랜 시간이 걸리는 건 아니지만 그래도 영업장에서 손님이 되고 보면 으레 기다림을 인내하기가 쉽지 않은데 어서어서라는 공간의 마법인지, 책이라는 물성의 마법인지, 경주라는 여행지의 마법인지 대체로 여유롭게들 기다려주시는 편이다. 가끔, 아주 가끔 다급한 목소리로 전화를 하는 분들이 있는데 그럴 때는 바로 쫓아온다. 커피를 들고 혹은 커피를 사러 가던 발걸음을 돌려서 달린다. 여행지에서 분초를 다툴 때는 분명 이유가 있음이 틀림없다!

일주일의 축구

대학생 때까지 공 좀 차다던 사람들도, 공 좀 던진다던 사람들도, 공 좀 친다던 사람들도 졸업을 하고 나이 앞자리가 삼으로 바뀌고 나면 몸이 예전 같지 않다며 하나둘 필드를 떠난다. 축구도 웬만한 체력으로는 따라가기 벅찬 운동이다. 공만 있으면 어디든 그곳이 축구장이 되고, 틈만 나면 언제든 휘슬이 울리던 시절에는 사실 몸이 지칠 새도 없었다. 남자 고등학교 선생님들은 교실에서 축구하지 말라는 이야기를 지겹도록 반복해야 하고, 심지어 수능날에도 점심시간에 운동장에서 축구를 하는 애들이 있다는 풍문이 낯설지 않을 것이다.

하지만 운동장에 모이기도 빠듯한 날은 그리 먼 미래가 아니었음을 금방 깨닫게 된다. 시간도 그렇고 체력도 그렇다. 공을 갖고 있든 아니든 쉼 없이 움직여야 하는 축구에서는 체력이 필수다. 내내 뛰어다니다가 공이 나에게로 오는 순간을 놓쳐서는 안 된다. 순발력을 발휘해서 잽싸게 공을 낚아채고 남은 힘을 모두 그러모아 골대로 돌진해야 한다. 이 골이 들어가든 말든, 이 공을 힘껏 차고 남은 경기에서 비실거리든 말든 공을 잡은 이 기회를 놓칠 수 없다!는 것이 사회인 축구팀에서 뛰는 선수들의 흔한 마음이다.

내가 참여하고 있는 축구팀은 조기 축구회 두 개와 풋살팀 하나로 총 세 개다. 풋살팀은 예비군 훈련장에서 오랜만에 만난 고등학교 친구들과 얼굴이나 보고 지내자며 만든 팀인데 어쩌다 보니 십 년 넘게 부지런히 뛰고 있다. 십 년을 지나오며 알음알음 후배들이 하나둘 들어오기 시작하더니 전체 연령대가 몹시 낮아져 이제는 20대가 다수인 젊은 팀이 되었다. 조기 축구회 하나는 아는 동생이 만든 팀으로 어린 친구들이 많고, 다른 하나는 원래 형님들과 어르신들이 많은 조기 축구회였는

데 중장년층이 하나둘 떠난 자리를 풋살팀에서 온 친구들이 메우기 시작하면서 꽤 연령대가 낮아졌다.

결국 세 개의 팀 모두에서 나는 맏형급이 되어버렸는데, 여기서 공을 계속 차고 싶다면 체력 관리를 게을리하면 안 된다. 게다가 나는 대체로 윙백 포지션을 맡는다. 수비지만 공격에도 가담하는 자리로서 다른 어느 포지션보다 체력이 중요하다. 나이를 고려할 때 체력과 스피드가 나쁘지 않아서 중책을 맡고 있다. 축구를 하지 않는 이들은 의외라 생각할지도 모르겠으나 20대에게 그나마 이길 수 있는 게 체력이다. 평소에도 다른 운동을 열심히 하면 된다. 즉, 체력은 노력에 따른다. 슬픈 사실이지만 스피드나 순발력은 무슨 수를 써도 어린 친구들을 따라갈 수가 없다. 노력하면 체력이라도 쫓아갈 수 있다는 게 얼마나 다행인지 모른다. 그래서 나는 세 개의 심장과 지구력을 담당하고 있다. 뭐, 어느 축구팀에나 세 개의 심장은 있는 거니까. 이 타이틀마저 뺏기면 내가 설 자리가 없어질지도 모른다. 나이가 들수록 느낀다. 운동을 하려고 축구를 하는 게 아니라 축구를 하기 위해서 운동을 한다는 것을 말이다. 운동을 하기 위한 운동을 틈틈이 하는 것은 물론이고 일상 생활에서도 항상 온몸에 긴장 상태를 유지하려 노력한다. 대중교통을 탈 때 잘

앉지 않고, 어서어서를 지킬 때도 거의 서 있는 편이다. 이렇게 키운 체력이 축구를 하는 데 도움을 주고, 축구를 하며 키운 체력이 지치지 않고 어서어서를 이끌어나갈 기운을 주니 그야말로 환상의 컬래버레이션이 아닐까!

한 달 만의 휴일

휴무 일정 확인하시고 '어서어서'의
방문 계획에 차질 없으시길 바랍니다.
보다 나은 서비스를 제공하기 위하여
계속 진화하는 '어서어서'이고 싶어요.
그래서 매달 마지막 주에는 각지의 도시를 돌며
그 도시의 책방과 명소 들을 둘러볼 예정입니다.
많이 배우고 많이 느끼고 많이 경험해서
많은 볼거리와 느낌 들을 나누겠습니다.
늘 저희 어서어서를 사랑해 주셔서 감사합니다.
이번 주말은 활짝 열려 있습니다.
'어서어서'에 어서어서 오세요.

새로운 달이 시작되고 머지 않아 어서어서 인스타그램 공식 계정에 그달의 휴무일을 공지하면서 한결같이 사용하는 문구다. 매달 삼 일 동안의 정기 휴무에 떠나는 여행에 대한 나의 마음이다.

호기심 많던 청소년기를 지방의 작은 도시에 뿌리를 내린 채로 지나와서였을까. 세상에 대한 궁금증은 성인이 되어 그 깊이와 폭이 급격하게 넓고 깊어졌다. 새로 발견하는 모든 것들이 나에겐 새로운 세상이었다. 전공 공부를 하면서 관심을 갖게 된 사진이나, 공부를 하러 찾았던 도서관에서 알게 된 책도 비슷한 맥락이다. 사진과 책만큼 세상을 바라보는 색다른 시선을 빌려 음미할 수 있는 매체가 흔치 않다.

일상에 발 붙이고 있을 때는 책을 읽었고, 꼭 내 눈으로 보고 두 발로 걷고 싶은 곳이 나타나면 짐을 쌌다. 꼭 마셔보고 싶은 커피가 있을 때도 가방을 챙겼다. 짐이라고 해봐야 갈아입을 옷 한 벌과 카메라, 기차 안에서 읽을 책 한 권이 전부였다. 많은 것을 누리기 위해 가진 것을 줄였다. 여행을 할 때는 쉼 없이 걷는다는 점도 짐을 가볍게 만들어야 하는 이유였다. 가까운 데로 떠날 때는 그마저도 필요하지 않았다. 며칠 더 머물 까닭이 생기면, 부족한 대로 방법을 찾아가며 여행했다. 꼭 보고 싶은 전시가 있을 때, 가고 싶은 새로운 책방이 생겼을 때, 가고 싶은 카페가 생겼을 때 주저하지 않고 기차에 올랐다. 주로 책방이 많았다. 책방을 열겠다는 꿈을 꼬박꼬박 꺼내어 지긋이 바라보던 때였다.

어서어서를 열고 나서도 이런 여행 취향은 크게 달라지지 않았다. 달라진 것이 있다면 언제든지 떠나기는 어려워졌다는 점이었다. 은화수 식당을 운영할 때는 믿고 맡길 만한 직원이 있어서 중간중간 자리를 비울 수 있었지만 어서어서는 내가 오롯이 꾸려가는 곳이었으므로 갑자기 어디론가 떠날 수는 없었다. 내가 없다면 책방 문을 닫아야 하는데 그것은 어서어서를 지키기 위해 내가 정한 기본, 삼 일 간의 정기 휴일 외에는 반드시 문을 연다는 규칙을 어기는 일이기 때문이다.

그래서 꽤나 즉흥적이었던 여행이 조금은 계획적인 여행으로 바뀌었다. 물론 십 분 단위로 시간표를 짜는 그런 계획을 말하는 것은 아니다. 하지만 언제(매달 마지막 주 월, 화, 수요일), 몇 박 며칠로(총 삼 일) 여행을 갈 수 있는지가 기본값으로 정해져 있기 때문에 그 안에서 계획은 이루어진다. 만약 가고 싶은 곳의 휴무일이 월, 화, 수요일 가운데 하나라면 그에 맞춰 여행 계획을 짜야 하고, 주말에만 갈 수 있는 장소는 언제가 될지 모를 먼 훗날을 기약해야 한다. 다행히 드넓은 세상에는 갈 곳도, 볼 것도 너무나 많아서 가지 못하는 곳에 대한 아쉬움의 상당 부분은 갈 수 있는 곳에 대한 설렘이 희석한다.

그때그때 갈 수 없으니 가고 싶은 곳이 생길 때마다 잊지 않고 적어둔다. 책방, 카페, 도서관, 미술관, 편집숍 등등을 나열한 여행 위시리스트가 빼곡해질 때쯤이면 어느새 휴일이 성큼 코앞이다. 이제 그 가운데 가장 궁금한 곳을 하나하나 꼽아보고, 동선상 무리하지 않고 삼 일 동안 함께 들를 수 있을 듯한 곳들을 묶어 얼추 코스를 짠 다음 다시 한번 코스에 맞게 방문할 장소를 추린다. 하나의 도시 혹은 이웃한 도시 두세 개를 둘러보는 일정이 가장 보편적이다.

삼 일이라는 시간은 짧다면 짧고, 길다면 긴 시간이다. 새벽부터 자정까지 빈틈없이 채운 2박 3일 일정으로 교토나 도쿄를 다녀오기도 했고, 온종일 제대로 앉아 한 끼 밥을 먹은 일 없이 커피만 일고여덟 잔씩 마신 날도 있었다. 끼니는 건너뛰더라도 맛있다는 커피집은 다 들러야 했다.

무엇보다 중요한 것은 다른 도시에서 다른 이들이 운영하는 책방을 둘러보는 일이다. 어디를 가든 책방이 가장 먼저였고 요즘의 여행에서도 마찬가지다. 책을 읽으며 세상을 보는 눈의

깊이를 더하는 것만큼 책방을 둘아보며 시야가 넓어진다. 다른 사람이 책을 모아놓고 구성한 낯선 큐레이션을 보면서 세상을 이해하는 다른 방식을 배우고, 저마다의 운영 방식을 경험하면서 실질적인 인사이트를 얻기도 한다. 전국 곳곳 구석구석에서 비슷한 마음으로 책방을 꾸려가는 이들이 있음을 확인하는 일은 그 자체로 안도감을 준다. 종일 혼자 종종거리다가, 멍하니 책을 읽어나가다가, 들고 나는 손님들에게 거듭 인사를 하다가 보면 가끔은 외따로 떨어진 섬에서 혼자 불빛을 밝히고 있는 듯한 기분이 하릴없이 들기도 하기 때문이다.

우리는 책이라는 오래된 매체를 통해 가장 최신의 생각을 공유하고 공감한다. 겉으로 보기에는 그 모양이 다를 바 없는 몇백 년 전 책과 오늘의 신간이라도 그 속에 담긴 내용은 완전히 다르다. 책마다 지금 해야 하는 이야기가, 지금 나눠야 할 생각들이 담겨 있기 때문이다. 어서어서도 마찬가지다. 우리나라에서 손꼽히는 오래된 도시에서, 오래된 물건들로 장식한 황남동의 붙박이 책방이지만 세상을 부지런히 만나고 돌아온 나는 그곳에서 내가 보고 온 세상을 표현하고 알린다. 큐레이션이기도 하고 전시이기도 한 방식으로 어서어서가 바라본 지금을 손님들이 함께 공감해 준다면 더 바랄 나위가 없겠다.

쓰고 보니 다른 데보다 한층 긴 글이 되었다. 좋아한다는 건 그런 거다. 또 이야기하고 싶고, 또 말하고 싶고, 그 핑계로 다시 한번 들여다보고 싶은 것. 세 가지를 깊이 들여다보고 나니 너무나 익숙한 일상이어서 떠오르지 않았던 것이 불현듯 떠오른다. 바로 경주다. 출근을 하다가 문득 대릉원에 가고 싶어져 무던히 발걸음을 돌리고, 돌담길을 걷고 싶어 부러 돌아가는 일은 경주에서 출퇴근을 한다는 것 자체로 위안임을 뜻한다.

어쩌면 나를 지키는 것은, 경주 그 자체인지도 모르겠다.

하지만 책은 다른 제품보다 훼손에 취약하다는 치명적인
약점이 있다. 구겨지거나, 찢어지거나, 오염이 되었을 때
원상복구가 거의 불가능하다. 그럼에도 불구하고 책만큼
자유롭게 만져보고, 펼쳐보고, 오랫동안 들여다보고 사는
제품이 흔치 않다.

책방에서 발생 가능한
로스에 대하여

　장사를 하면 사람이 쪼잔해진다는 말이 있다. 화통하고 대범했던 사람까지도 일이백 원에 빈정 상하는 사람으로 만드는 것이 장사라고들 이야기한다. 단가가 아주 센 물건을 판다면 상황이 다르겠지만, 단가가 낮은 물건을 여러 개 팔아서 이윤을 남기는 장사는 그러지 않을 도리가 없다. 손님에게는 백 원 에누리, 한번 살짝 눌러본 복숭아 정도가 주인에게는 모이고 모여 몇만 원이 되고 한 박스의 로스가 된다. 길에 떨어진 십 원짜리는 이제 허리를 굽히는 힘이 더 들어 잘 줍지도 않는다지만, 몇백 원짜리 물건을 파는 사람이라면 십 원이 이 물건을 팔아 남는 마진의 몇 퍼센트인지 계산기보다 빠르게 계산할 수 있다. 그러니까 그것은 십 원이기 전에 나의 노동이다. 일을 했는데 돈을 받지 못하면 누구나 화가 난다. 그게 단지 십 원이나 백 원일 뿐인 것이다.

책갈피

아, 아니다. 실은 이백 원이라서 양보할 수 없다. 이십 원이면 또 모르겠지만 이백 원은 안 된다. 지금 저 손님이 계산한 책은 만 원이 조금 안 되니까 이것저것 다 제하고 나면 남는 건 천 몇백 원…. 근데 지금 제작 단가 이백 원짜리 책갈피를 스탬프가 영 마음에 안 들게 찍혔으니 다시 찍게 새 걸로 달라네요. 아…, 안 된다고 하면 지난번 그 손님처럼 아무것도 안 써 있는 그깟 민짜 종이 쪼가리 가지고 되게 쪼잔하게 군다고 하실 거죠. 이게 인쇄만 안 했다 뿐이지 제작이 꽤 까다로워서 제작비가 생각보다 많이 드는 거거든요. 잠시만요, 네, 다음 손님. 네? 애기가 둘이니까 두 개를 달라고요?

그래도 안 되는 건 안 되는 거다. 복잡한 마음은 나에게만 들리는 독백으로 남겨두고 단호하게 말씀드린다.

"책갈피는 구매하신 책 한 권당 하나만 드립니다. 어서어서의 규정이니 양해 부탁드립니다."

그렇다. 지금 내가 바로 그 처지다. 책도 정가가 그리 비싸지 않은 재화이다 보니 한 권 팔았을 때 마진이 몇천 원, 가격이 저렴한 책은 정말 오백 원도 안 남기도 한다. 우리 서점에서 판매하는 책 중에는 사천 원짜리 문고판도 있다. 한편 우리 서점에서 책을 샀을 때 제공하는 책 봉투와 책갈피의 원가는 생각보다 높다. 의외라면 손가락 두 개 남짓한 크기의 책갈피의 제작 원가가 개당 약 이백 원으로 책 봉투 제작 단가와 엇비슷하다는 점이다. 읽는 약, ___ 귀하, 1일 _회 복용, 어서어서 등의 글자를 인쇄하고, 봉투를 전개도대로 재단하고, 접어서 풀칠하는 단계만큼은 아직도 사람의 손을 거쳐야 하니 책 봉투 단가도 저렴하지만은 않다. 하지만 역시 크기 대비 책갈피가 더 비싸게 느껴진다.

일단 종이가 제법 두께감이 있고 빳빳해야 한다. 어서어서의 분위기에 맞게, 또 스탬프를 찍을 수 있는 책갈피를 만들겠다는 초기의 아이디어를 구현하고자 플라스틱이나 단단한 재료를 사용하지 않고 갈색 크래프트지를 사용하는 만큼, 단단한 다른 재료 못지 않게 내구성이 좋아야 한다. 책에다가 자주 끼웠다 뺐다가 하며 사용하는 물건인데, 조금 얇은 종이를 사용하면 흐물거리다 금세 못 쓰게 될 것이다. 모서리 두 곳의 귀퉁이를 조금씩 잘라낸 직사각형 모양으로 재단하는 비용, 테두리를 따라 칼로 점선을 내는 데 드는 비용, 위쪽에 구멍을 뚫고 끈을 집어넣어 묶는 데 드는 비용, 공정 하나 하나가 모두 비용이다. 산업화가 가져온 분업화, 전문화에 따른 바다. 저렴한 재료와 한 번의 공정이면 충분한, 플라스틱 소재에 알록달록한 글과 그림을 인쇄하는 것이 겉으로 보기에는 훨씬 화려하고 복잡해 보이지만 지금 책갈피보다 아마도 제작비는 더 저렴할 것이다. 그러나 제작 원가 때문에 책갈피를 다른 소재나 형태로 바꿀 계획은 아직은 없다.

어서어서에서 책을 구매하면 책 봉투뿐만 아니라 책갈피를 같이 드리는데, 직접 꾸밀 수 있는 스탬프라고 설명하며 가운데 테이블 위 각종 스탬프와 펜을 담아놓은 상자를 가리키면 애들도 아니고 뭐 이런 걸… 하던 표정의 사람들도 테이블 끝에 놓인 의자에 앉아 아무것도 그려져 있지 않은 갈색의 어서어서 책갈피를 앞에 놓고 스탬프 뚜껑을 여는 순간 어김없이 비장해진다. 몰입의 긴장감이 내가 서 있는 계산대에서도 느껴질 정도다. 역시 예술가의 감각은 누구에게나 있음을 믿는다. 그 예술가의 감각이 깨어나는 드문 순간인데, 어찌 이 책갈피를 다른 것으로 대체할 수 있을까!

"이거 호랑이는 왜 없어요? 나 호랑이띤데…".

가장 많이 듣는 질문이다. 몇 가지 스탬프 중에는 동물 시리즈도 있는데 토끼나 원숭이, 돼지, 양 등의 스탬프가 있어서인지 사람들은 즉시 이것을 십이간지와 연결 지었다. 우리나라 사람들이 십이간지와 얼마나 애틋한 사이인지도 이 스탬프를 통해 다시금 깨달았달까. 동물 스탬프는 총 아홉 개, 자세히 살펴보면 사자 얼굴 스탬프도 있으니 십이간지 스탬프는 확실히 아니지만 그 순간 사람들 머릿속은 내 띠에 해당하는 동물, 선물할 사람의 띠에 해당하는 동물 스탬프를 반드시 찍고야 말겠다는 집요함으로 가득해진다.

뭐니 뭐니 해도 가장 인기가 많은 스탬프는 첨성대나 '신라의 미소'라고 알려진 얼굴 무늬 수막새 등 보는 순간 경주를 떠오르게 하는 스탬프와 날짜 스탬프다. 언제, 누구와 함께 경주를 찾았는지를 기억하고자 하는 애틋함이 느껴지는, 어서어서에서 마음을 담은 선물을 누구와 주고받았지를 기록하고자 하는 마음이 느껴지는 대목이다.

책을 구매하고 받은 책갈피를 개성껏 꾸밀 수 있도록 마련해 둔 스탬프를 개인적인 용도로 사용하는 분들도 종종 있다.

방문 기념으로 스탬프를 찍을 수 있게 구비해 둔 박물관이나 미술관도 많아졌고, 지역 행사에서도 스탬프 투어 등의 이벤트를 다양하게 열다 보니 스탬프를 일종의 공공재처럼 인지하는 분위기가 생긴 것이 아닌가 싶다. 하지만 어서어서에서 마련해 둔 스탬프는 책갈피 꾸미기용이다. 좁은 공간에서 여러 사람들이 동시에 스탬프를 찍으면 가운데 테이블 주위가 몰려든 사람들로 아수라장이 되는 것은 시간 문제다. '공지사항: 책방의 원활한 운영을 위해 '책갈피' 이외에는 스탬프 사용을 삼가주세요. 스탬프 체험이 아니에요. 여기는 '서점'입니다(책 한 권당 책갈피는 한 장이 제공됩니다)'라고 쓴 작은 종이를 붙여두고 나니 개인적으로 사용하는 손님이 조금은 줄었지만, 여전히 무심코 다이어리를 꺼내 스탬프를 찍는 분들이 계신다. 여전히 고민인 문제다.

책 봉투

버려지는 책 봉투는 대체로 나의 과실에서 비롯한다. 이름을 잘못 쓰는 실수로 생기는 일이다. 처음에는 이름을 받아 적는 일 자체가 낯설어서인지 실수가 꽤 잦았다. 하루에 버려지는 봉투가 꽤나 묵직했다. 한 글자만 틀려도, 점 하나만 잘못 찍어도 다른 이름이 되고 마니 바로 폐기 처분이었다. 가끔 자기에게 선물할 책을 골라서 몰래 계산하고 있는 줄도 모르는 채 저기 뒤에서 이 책 저 책 유심히 살펴보고 있는 남자친구나 여자친구의 귀에 들릴세라 잔뜩 데시벨을 낮춘 목소리로 소곤소곤 속삭이는 손님이 특히 위험하다. 이 비밀 작전에 뜻하지 않게 참여한 '서점 사장 1'의 역할을 무사히 완수하고자 최선을 다하지만 도저히 안 되겠다 싶을 땐 손님께 메모지와 펜을 건네며 허공에다가 뭔가를 쓰는 시늉을 한다. 비밀 작전을 주도한 자다운 백 단짜리 눈치로 잽싸게 내가 전한 종이를 받아 책 선물을 받을 사람 이름을 써서 건네면 그걸 보고 틀리지 않게 또박또박 적어서 조용히 드린다. 미션 클리어!

익숙해진 대로, 무심코 기계적으로 묻던 질문이 만들어낸 로스도 있다. "성함이 어떻게 되시나요?"라는 질문에 함정이 있었던 것이다. 이 질문을 받으면 누구나 자연스럽게 자기 이름을 말한다는 사실을 미처 생각하지 못했다. 한 치의 의심도 없이 슉슉 불러준 이름을 써나가는 나의 펜을 멈추는 외마디가 날아왔다. "앗, 사장님! 잠깐만요!!" 본인이 가질 책 말고 다른 이에게 선물할 책을 사는 사람들이 부쩍 늘어나던 때였다. 다행히 실수를 여러 번 반복하기 전에 금방 질문을 수정했다. "받으시는 분 성함이 어떻게 되세요?"라고 여쭈어보니, 단번에 알맞은 답이 돌아왔다.

실수가 완전히 사라지진 않았지만 어서어서에서 내가 가장 많이 반복한 일답게 이제는 아주 능숙하다. 웬만해서는 글자를 틀리는 일이 잘 없고, 본인이 읽고 싶어서 사는 책인지 아니면 다른 사람에게 선물하려고 사는 책인지 정도는 바로 눈치챈다. 물론 그렇다고 해도 확인 차 "책 받으시는 분 성함이 어떻게 되세요?"라고 반드시 여쭤보긴 하지만 말이다. 한 글자도 잘못 전달하는 일 없겠다는 결연한 표정으로 "김!" 하고 외치는 손님께는 한 글자씩 부르시지 말고 전체 이름을 말씀해 주시라는 여유도 부릴 줄 안다. 하나씩 쓰는 것보다 전체 이름의 흐름을 생각하고 이어서 쓰는 것이 글자를 훨씬 더 예쁘게 쓸 수 있기 때문이다.

여전히 귀를 활짝 열고 긴장하는 순간도 있다. 바로 외국인 손님이 오셨을 때다. 한국어에 능숙한 손님이든 아니든, 외국 이름을 한글로 적는 일의 난해함은 아무리 반복해도 익숙해지지 않는다. 낯선 언어로 된 이름이 들려오는 순간, 계산대는 그야말로 받아쓰기 시험장이 된다. 능숙함과 여유와 자신감은 잠시 접어두고, 종이와 펜을 내민다.

"성함을 여기에 적어주시겠어요?"

책

식당을 할 때는 팔지 못하고 남는 재료가 로스의 큰 부분을 차지했다. 식재료는 저마다의 신선도 유지 기간이 지나면 돌이킬 수 없는 폐기물이 되고, 그 기간이 대체로 몹시 짧은 편이다. 마감 시간에 즈음하여 재료가 떨어지게끔 준비한다는 것은 거의 신의 영역이라고 봐도 무방하다. 아무리 잘되는 집도 이상하게 손님이 적은 날이 있기 마련이며, 매일 고만고만한 손님들이 다녀가는 식당에도 뜻밖의 단체 손님이 와서 준비해 놓은 재료가 금세 떨어지는 희한한 날이 찾아온다. 오랫동안 누적된 빅데이터를 활용해 고도로 발전시킨 재고 예측 및 관리 시스템을 운영하며 실시간으로 마감 세일 할인율을 달리하는 각종 새벽 배송 업체들의 고민도 여전히 재고 관리다. 재고 관리 실패에 따른 폐기물 줄이기는 그야말로 각종 사업장에 산적한 지상 최대의 고민 중 하나인 것이다.

책은 식품처럼 쉬이 상하는 물건이 아니라는 점, 몇몇 제품들처럼 상하진 않지만 유행이 지나가 버리거나 때를 놓쳐 팔 수 없어지는 물건이 아니라는 점, 보관 및 관리에 따라 기계적인 결함이 생기는 물건이 아니라는 점 등에서 비교적 재고 관리가 용이한 편이다. 요즘에는 출판 시장 트렌드에 따라 특별판이나 리커버 한정판, 동네 책방 에디션, 개정판 등이 예전보다 훨씬 더 많이 출간되고 있지만 동네 책방은 이에 심각한 영향을 받지는 않는 편이다. 리커버판이 출시되는 즉시 기존 도서는 구간 취급을 받고, 리커버판이라는 이유만으로 이미 소유하고 있는 책과 같은 책임에도 불구하고 재구매를 하는 독자들이 있는 온라인 서점과는 처지가 좀 다르다. 동네 책방에서 책을 고르는 사람들은 그저 내가 지금 손에 든 책, 이 책의 제목이나 읽어본 앞쪽 일부가 마음에 들어서 그 자리에서 구매를 결정하는 경우가 많다. 개정판이든 아니든, 리커버 특별판이든 일반판이든 크게 중요치 않은 것이다.

하지만 책은 다른 제품보다 훼손에 취약하다는 치명적인 약점이 있다. 구겨지거나, 찢어지거나, 오염이 되었을 때 원상복구가 거의 불가능하다. 그럼에도 불구하고 책만큼 자유롭게 만져보고, 펼쳐보고, 오랫동안 들여다보고 사는 제품이 흔치 않다. 과일이나 채소를 살 때도 함부로 만져보는 것이 실례로 여겨지고, 아예 눈으로만 보고 사야 하는 경우도 많다. 옷도 마찬가지다. 지금 입어보는 이 옷이 판매용 옷이라는 걸 사장과 손님 서로가 인지한다. 잘 늘어나거나 오염되기 쉬운 몇몇 옷은 사기 전엔 아예 입어볼 수도 없다. 체험이 필수인 몇 가지 물건은 아예 체험용 샘플 제품을 따로 준비해 두고, 더 이상 필요치 않을 때는 디스플레이 상품이라는 명목으로 염가에 판매한다.

그렇다고 책을 전시만 해두고 만져보거나 펼쳐보지 못하게 할 수도 없다. 온라인 서점과 다를 바 없는, 오히려 미리보기며 각종 도서 소개 장치로 화려하게 장식한 온라인 서점보다 한참 뒤처지는 방식이다. 견본 도서를 따로 두는 것 역시 어불성설이다. 대형가전이나 가구처럼 판매하는 제품의 품목 수가 손에 꼽을 정도로 적은 곳에서나 가능한 일이지 책방처럼 다양한 품목을 판매하는 곳에서 모든 도서의 견본 도서를 구비해 둔다는 것은 애초에 말이 안 된다.

하지만 책방에 있는 책들이 모두 판매용이라는 점을 모르는 사람들도 있다. 실제로 "이거 새 책은 어디에 있나요?"라고 묻는 손님도 있었고, "이건 새 책이라면서 왜 비닐 포장이 안 되어 있어요?"라고 묻는 손님도 있었다. 아마 어서어서에 있는 모든 책이 살펴보기 위한 도서라 생각한 손님도 있었으리라 짐작할 수 있는 지점이다. 교보문고 같은 대형 서점에서조차 견본 도서를 두는 책은 몇 권 되지 않는다. 어린이들이 많이 들추어보는 어린이 베스트셀러 몇 종의 견본 도서 정도가 마련되어 있을 뿐이다. 옷 가게에서 판매하는 모든 옷도 입어보는 옷을 두지 않는 것과 비슷한 맥락이다. 그나마 옷은 오염되었을 경우에 세탁 등의 복구 방안이 있겠지만 책은 종이 특성상 한번 오염되면 원상복구가 아예 불가능하다. 떨어뜨려 모서리가 찍히고 구겨지거나, 떨어뜨리면서 책이 펼쳐져 본문 종이가 바닥에 닿아 오염되거나 하면 그대로 폐기 처분이다.

이런 면에서 나를 가장 긴장하게 하는 손님은 바로 티 없이 해맑은 어린이 손님이다. 까르르 웃기만 해도 무장해제가 되어버리게 만드는 어여쁜 아이들이지만, 그 어린이가 손님이 되어 문을 열고 들어오는 순간에는 몸 전체의 신경이 곤두선다. 읽고 있던 책도 잠시 덮어두고 온몸의 레이더를 최대치로 발동하여 어린이 손님의 움직임을 뒤쫓는다. 다른 손님이 가지고 온 책을 계산하면서, 흐트러진 책을 다시 정리하면서, 빈 책장을 채우면서도 레이더는 어린이 손님을 향해 세워져 있다. 어린이 손님이 일으키는 가장 흔한 책 훼손 사례는 책을 펼쳐서 왼손으로는 책 아래쪽을 고정하고 오른손은 주먹을 쥔 채 손바닥으로 아래에서 위로 쭈욱 밀며 펼친 책의 가운데 부분을 납작하게 누르는 일이다. 비명이 절로 터져나오는 순간이다. 호

들갑을 떨 순 없으니 속으로만 소리를 지르고 보호자께 말씀드린다. 아이들이 책을 펼쳐서 누르거나 접거나 찢거나 떨어뜨리지 않도록 지도 부탁드립니다,라고 말씀드리는 경우는 이미 그중 하나의 일이 벌어진 다음이다. 죄송하다고 하시며 그 자리에서 아이에게 책방에서 지켜야 할 예의범절을 가르치는 부모님들도 많지만, 날카롭게 받아들이는 부모님들도 있다. "사면 되잖아요! 제가 살 거예요, 이 책! 애가 그런 걸 가지고 뭘 그렇게…"라고 하시면 나도 마음이 아프다.

무릇 아이들이 책을 가까이해야 깊고 넓은 생각을 가질 수 있고, 아이들이 책을 꾸준히 읽어야 어른이 되어서도 책을 읽을 테니 잠재적인 미래 손님을 확보하는 중차대한 일이다. 또한 아이들이 책을 사겠다고 하면, 장난감이나 군것질거리를 사겠다고 할 때보다 부모님들은 한결 흔쾌하게 지갑을 연다. 여러모로 어서어서의 소중한 손님이다. 물론, 이 이야기는 농담이다. 더 솔직히 말하면 어서어서는 어린이 책을 전문으로 하는 서점이 아니기 때문에 준비해 둔 어린이 책 종수도 전체 책 종수에 비해 무척 미미하고, 당연히 어린이 책이 차지하는 매출의 비중도 아주 낮다. 하지만 어린이들이 책을 가까이했으면 하는 바람과 경주에 가족 여행을 와서 다 함께 책방 문을 열고 들어선 이들의 들뜬 기분을 웬만하면 상하게 하고 싶지 않다는 마음만은 진심이다. 책을 지키는 것은 나의 임무이고, 더 큰일이 벌어지기 전에 미리 주의 사항을 알리는 것 역시 나의 의무일 따름이다.

황리단길 여기저기를 구경하면서 마시던 커피나 주스 같은 음료를 들고 들어오는 손님도 긴장하고 주시해야 할 대상이다. "책 보실 때는 음료를 가운데 테이블에 올려놓고 봐주세요"라고 말씀드린다. 음료는 양반이다. 종종 등장하는 두려운 그것, 아이스크림…! 아이스크림은 이 땅의 자영업자들이라면 쳐다보기도 싫은 존재일 것이다. 아이스크림을 손에 들고 문을 여는 손님은 그 자체로 공포다. 번개같이 달려나가 "아이스크림은 들고 들어오실 수 없습니다. 다 드신 후에 들어오세요"라고 아주 단호하게 말씀드린다. 하지만 내가 계산이나 책 정리에 정신이 없어 미처 보지 못할 때도 있다. 중간에 발견하더라도 마찬가지, 나가서 다 드시고 들어오시라고 말씀드린다. 그 말씀을 드리기도 전에 이미 녹아서 바닥에 뚝뚝 떨어지고 있는 아이스크림을 발견하면 가슴이 찢어진다. 보지를 못했으니 책 어딘가에 떨어졌다고 해도 알 길이 없다.

이쯤이면 독자들은 궁금해질 것이다. 대형 서점에서는 다들 책을 맘껏 보게 하지 않느냐고 말이다. 큰 서점에서 훼손되는 책이 많을 것 같은데 이 작은 서점은 책을 편하게 보는 데에 이렇게 예민하냐고. 이 부분에 대해서는 다시 한번 이야기할 텐데 대형 서점은 훼손된 책을 출판사에 반품할 수 있지만 작은 서점은 그러기 힘든 구조상의 이유가 있다. 우선 입고한 책은 판매를 하든 훼손으로 폐기를 하든 서점에서 계산을 끝내야 하는 것이다. 어서어서는 몇몇 출판사와 직거래를 시작하면서 훼손된 책을 반품하는 경우도 있다. 실제로 주문한 책의 택배 박스가 도착했을 때 열어보고 유통 과정에서 생긴 파본이라면 즉시 반품한다. 하지만 그 외의 경우에는 되도록이면 반품을 피하고 싶은 마음이다. 돌아간 책은 출판사에게도 고스란히 로스가 되기 때문이다. 손님이 떨어뜨려 구겨진 책, 부주의하게 책장을 넘겨 찢어지거나 접힌 책 등은 속이 쓰리지만 그 손님이 문을 열고 나가면 꺼내서 카운터로 가지고 온다. 어쩔 수 없이 더 이상 판매용 도서로 진열할 수는 없어서 아직 내가 가지고 있지 않은 책이라면 내가 가지거나, 고민 끝에 출판사에 보내거나, 그냥 폐기하거나 한다. 무엇보다 파본이 생기지 않도록 최대한 노력하는 것이 내가 할 수 있는 최선이라 생각하고 손님들이 모든 책이 판매용 책임을 인지하고 조심스레 보게끔 하기 위해 오늘도 최선을 다해 악역을 자처하고 있다.

이상 어서어서에서 로스를 담당하고 있는 삼인방 책 봉투, 책갈피, 책에 관한 사연이다. 적어서 나열하고 보니 조금만 신경 쓰면 생기지 않을 손해들이라는 생각이 다시 한번 든다. 내가 더 긴장해야 할 것도 있고, 손님들의 협조가 필요한 것도 있다. 무엇보다 책에 관해서는 여러 보석 같은 작은 책방을 운영하는 사장님들에게 가장 큰 근심거리를 안겨주는 일이기도 하므로, 어서어서를 찾는 손님뿐만 아니라 전국 어디든 책방의 문을 열고 들어가는 이들에게 당부하고 싶은 일이다. 종이는 물성의 변화를 돌이킬 수 없는 소재고, 우리가 사랑해 마지않는 많은 책방들은 바로 그 책을 팔아서 하루하루를 이어간다. 내일 또 만나고 싶은 손님들에게 전하는 짧지만 진심 어린 하소연이다.

어서어서에서 로스를 담당하고 있는 책 봉투, 책갈피, 책. 무엇보다 책은 어서어서만의 로스가 아니라, 더 조심하고 있다.

어서어서의 책갈피에 찍는 스탬프. 손때가 묻어 까맣게 변했지만 그 자체가 좋아서 그냥 두고 있다.

어서어서의 책갈피. 책 한 권에 책갈피 한 장. 스탬프를 찍다 보면 망실 수노 있다. 하지만 어서어서에는 한 권당 한 장이 규정이랍니다.

이름을 잘못 쓰는 실수를 종종 해서 버리는 책 봉투가 꽤 있었다. 이제는 실수하지 않는 노하우가 생겼지만.

자료를 데이터화할 필요성을 느끼지 못하는 이유는 오늘의 판매 데이터가 내일이나 다음 주를 가늠하는 데는 도움이 될지 모르겠으나 몇 달 뒤를 그리는 데는 크게 도움이 되지 않는다고 생각하기 때문이다. 예측하지 못한 매출은 어떤 시장에서나 발생한다.

판매량 계산보다
중요한 것들

어서어서에는 포스와 바코드 스캐너가 없다. 서점 재고를 자동으로 관리하는 시스템이 없다는 뜻이다. 대중없는 장사다. 자영업이라 하면 응당 판매하고 있는 제품을 카테고리화한 다음 들고 나는 목록과 수량을 꼼꼼하게 기록하여 어느 품목이 반응이 좋고, 어느 요일 어느 시간대에 판매량이 상승하며, 어느 정도 데이터를 쌓아 그를 바탕으로 지난 날을 돌이켜 보며 공과를 검토하여 앞으로 장사를 어떻게 꾸려나갈지 계획을 세워야 하지 않느냐고 묻는다면… 글쎄, 책을 파는 일은 좀 다를지도 모른다고 말하고 싶다. 내 생각은 그렇다.

문을 연 첫날에는 카드 리더기가 없어 현금만 받았고, 카드 리더기를 갖춘 다음에도 내내 책의 정가며 갖추고 있는 도서 리스트, 도서별 재고 등을 머릿속으로 기억하고 계산했다. 어떤 책이 어느 위치에 있는지, 남은 재고는 몇 권인지, 모두가 놀랄 정도로 정확하게 기억했다. 새마을금고에 다닌 것이 이런 식으로 내게 도움을 주게 될 줄은 몰랐다. 역시 세상에 쓸모없는 경험 없고, 낭비된 시간 없다. 아날로그 감성을 충분히 구현하고자 하는 마음이 컸으므로 어서어서 한 귀퉁이를 차지하는 괘종시계의 댕, 댕 하고 울리는 종소리와 잔잔한 배경음악에 어울리지 않게 삑- 하고 날카로운 기계음을 내는 바코드 스캐너도 탐탁지 않았다. 하던 대로 책을 팔고 나면 판매한 책의 제목과 수량을 공책에 적었다. 공책에 적은 내용을 다시 컴퓨터로 정리하지 않았으니 따로 데이터화하지도 않았다. 어쩌다 보니 아날로그에 충실한 이 방법이 굳어졌다. 시작은 자연스러웠고 전개는 타당했다. 그렇게 삼 년이 흘렀다. 달라진 것은 없다. 지금도 같은 방법으로 재고를 관리한다.

자료를 데이터화할 필요성을 느끼지 못하는 이유는 오늘의 판매 데이터가 내일이나 다음 주를 가늠하는 데는 도움이 될지 모르겠으나 몇 달 뒤를 그리는 데는 크게 도움이 되지 않는다고 생각하기 때문이다. 예측하지 못한 매출은 어떤 시장에서나 발생한다. 텔레비전 프로그램에서 저탄고지 다이어트를 심층적으로 분석한 다음 날이면 하루에 여남은 개 정도 팔리던 버터가 해가 중천에 뜨기도 전에 동이 나고, 코로나19 발생 초기 벌어졌던 마스크 대란은 아직도 눈앞에 생생하다. 특수한 상황은 모든 시장에 어떻게든 영향을 미친다.

책은 외부적인 요인이 개입한 특수한 상황이 아니더라도 판매를 예측하기 어려운 면면이 많다. 좋아하는 독자들이 많은 작가가 오랜만에 낸 책이라거나 화제의 인물이 출간한 책 등은 어느 정도 판매량을 내다볼 수 있지만 그 밖의 책이 시장에서 어떤 반응을 보일지 예측하기는 쉽지 않은 일이다. 요즘에는 화제성을 예측한 책들조차 기대를 빗나가기도 한다. 분명 독자층이 탄탄한 작가가 낸 신간인데 기대에 한참 못 미치는 결과를 보이기도 하고, 팔로워 숫자가 고만고만하게 비슷한 인플루언서가 낸 책들도 책에 따라 판매량이 대여섯 배가 넘게 차이가 나기도 한다. 책의 만듦새나 완성도의 문제를 따진다면 그조차 우열을 가리기 힘든 경우에서조차 시장 반응은 눈에 띄게 다르다. 비교적 예측 가능했던 범위조차 내다보기가 어려워져서 책을 판매하는 이들도, 책을 만드는 이들도 시장을 파악하기에 부산하다.

책을 파는 나는 책을 만드는 사람들과 가장 가까이 닿아 있는 시장이기도 하고, 책을 사는 독자들과 가장 가까이 닿아 있는 출판 관련업계이기도 하다. 여기서 나는 양쪽의 상황과 반응을 가장 먼저, 최전선에서 직접 볼 수 있는 특권이라면 특권을 누리고 있다. 어떠한 책이 바로 그것을 필요로 하는 독자에게 가닿을 수 있도록, 독자가 원하는 적확한 메시지를 담은 책을 발견할 수 있도록 책방을 운영하는 임무도 있다. 어서어서와 직거래를 하는 출판사에서 유난히 힘을 주고 미는 책이 있다. 대체로 수긍할 만한 책이지만 종종 내 안목으로 가늠하기 어려운 도서들도 있다. 하지만 역시는 역시. 서점 사장은 하루에도 수십 권의 서로 다른 책을 입고해 동시에 살펴봐야 하며, 결과물로 나온 책을 보고 지금까지 내가 파악한 독자들의 요구에 합당한지를 가늠할 따름이지만, 출판사에서 어떤 책을 전략도서로 선정했다는 뜻은 책 한 권을 기획할 때부터 편집, 개발, 홍보, 마케팅 단계에 이르기까지 여러 전문가가 달려들어 몇 달 혹은 몇 년 동안 고심하여 나온 결실이라는 뜻이다. 이런 책들은 콘텐츠 자체로 손님들에게 어필하기도 하고, 이미 다각도로 발 빠르게 홍보를 접하고 먼저 책을 알아보는 손님들도 많았다. 예상 판매 성적표를 짐작하는 것은 어느 쪽에게나 수월한 일은 아니지만, 나는 미처 알지 못했던 영역의 이슈나 대중의 관심사를 출판사에서 선정한 전략 도서와 그 이유, 실제 책의 판매 추이로 파악할 때도 있다.

독자들의 반응이 뜨거운 책은 거꾸로 출판사에 지금 이 순간 사람들이 원하는 콘텐츠가 무엇인지 판매량이라는 명확한 근거를 바탕으로 인사이트를 준다. 한편 인사이트를 얻을 수 있을 정도로 판매량이 잡히는 책은 대부분 신간이라서 구간 도서들 가운데는 꾸준히 나가는 몇몇 스테디셀러를 제외하고는 판매 흐름과 유형을 파악하기가 쉽지 않다. 신간 매출이 전체 도서 매출 상당수를 차지한다는 점에서 책이라는 제품의 유효 기간이 몹시 짧게 느껴지기도 하지만 십 년이 지난 책, 아니 백 년 전에 쓰인 책이 여전히 사람들에게 읽힘을 고려하면 다른 어느 재화보다 오래 시장에서 살아남는다고 볼 수도 있다. 그렇기 때문에 따끈따끈한 새 책이라는 스포트라이트 없이, 필독 고전 리스트라는 이름표 없이 서가에 꽂혀 진득하니 독자를 기다리는 구간이 팔리는 패턴은 책방 사장을 아무리 오래해도 꿰뚫어 보기가 여간 어려운 일이 아닌가 싶다. 절로 겸손해지는 순간이다.

규모는 작지만 이야기는 꽉 찬, 수많은 생각들이 들고 나는 소담한 책방을 삼 년간 운영하면서 사람들과 책으로 소통하며 생각을 나누다 보니 알게 된 것이 있다면 큰 흐름의 변화를 주도하는 신간이 있고, 신간은 아니지만 꾸준히 나가는 책들이 있으며, 예측하기 어려우나 내 서재에 있는 책들 그러니까 어서어서의 결에 맞는 책들이 조금은 느리지만 꾸준히 팔린다는 점이다. 내 서재에 꽂을 새로운 책을 찾기 위해 책 읽기를 게을리 하지 않고 손님들이 추천하는 책에 귀를 기울인다. 신간은 아니지만 꾸준히 나가는 책들은 특히 신경 써서 예의 주시한다. 이들 가운데 상당수는 다른 서점보다 어서어서에서 더 잘 팔리는 책인 경우가 많아서 어서어서를 찾는 손님들의 취향을 가늠할 수 있기 때문이다. 신간은 어서어서 매출의 상당 부분을 차지하는 만큼 날을 세워 면밀히 살펴 고른다. 한정된 공간에서 손님들의 주목을 끌게끔 책을 전시할 수 있는 자리는 정해져 있으므로 주력으로 삼을 도서를 정하고 입고할 수량을 결정하는 것은 아주 중요한 일이다.

전체적인 큐레이션은 손님들에게 사랑받는 어서어서의 결을 지키고 확장하기 위해 매일같이 부단히 갈고 닦아야 하는 일이고, 매출에서 큰 부분을 차지하는 책들은 어서어서를 찾는 손님들의 취향과 관심사의 흐름을 보여주니 시시각각 살펴야 한다. 그러므로 자료를 수치화하고 분류하여 정리할 시간에 세간이 관심을 가지는 주제가 무엇인지, 사람들이 기대하는 메시지를 담은 책은 어떤 것들이 출간되었는지를 살펴보고 찾아내는 데 조금이라도 더 공을 들이고 싶달까.

서점의 수익도 조금은 큰 틀에서 보고 싶다. 매일 그날의 매출을 확인하면서 일희일비하지 않는 것은 긴 여정 끝에 일희일비하지 않기 위해서다. 오늘은 어제보다 낫네, 이번 주는 그제보다 판매가 좋지 않았네 하고 되짚어 보지만, 흐름이 한쪽 방향으로 굳어지지 않는 이상 안절부절못하며 휘둘리지는 않겠다고 마음을 다잡는다. 여전히 쉽지는 않은 일이다.

분명한 건 이 모든 것은 나 혼자 잘나서 누린 호황이 아니라는 점이다. 어서어서의 읽는 약 책 봉투나 책갈피, 포토존, 책 큐레이션, 인테리어, 공간 콘셉트, 책방 이름 등 고심 끝에 탄생한 모든 것 중 어느 하나 어서어서가 지금처럼 성장하는 데 영향을 미치지 않은 것이 없지만, 이들이 빛을 발하게 해준 그 밖의 모든 견인차는 순전히 어서어서 바깥에 있었다.

어서어서가 자리 잡을 수 있었던 이유

　공개적으로 게시하는 기사 등에서 자그마한 동네 가게의 매출이 얼마인지 시원하게 언급하지 않아서인지, 아니면 책방이라는 업종에서 그 정도의 수익을 창출한다는 점이 놀라워서인지 어느 언론사와 진행한 인터뷰에서 내가 직접 밝힌 어서어서월 매출로 한동안 세간의 주목을 받았다. 마실 겸 경주 나들이를 나온 나이 지긋한 중년이나 노년의 어르신들 가운데 몇 분은 눈썰미 있게 어서어서를 알아보시고는 "여가 그래 장사가 잘된다매. 책 팔아가 달에 그만큼이나 벌고, 사장님 대단하다!"라고 훅 들어오시기도 한다. 역시 어른들의 돌직구는 남다르다.

앞서 이야기했듯 중고책으로 문을 연 첫날부터 예상보다 책이 빨리 나갔다. 본격적으로 새 책을 판매하기 시작하고 나서도 책이 안 팔려 고심한 날은 없었다. 책을 사는 손님들에게 계산을 해드리고, 책이 빠진 자리에 새 책을 채워 넣고, 몇몇 손님들이 책을 꺼내서 보다가 여기저기 올려둔 책을 제자리를 찾아 다시 꽂아놓다가 계산해 달라고 외치는 손님의 목소리에 허겁지겁 계산대로 달려가 다시 계산을 하는 일을 모두 혼자서 해내느라 다른 생각을 할 틈도 없었다.

현실의 어서어서에 휴식이 찾아오면 그다음은 온라인 세상을 탐색할 차례였다. 각종 SNS 플랫폼에서 어서어서를 다녀간 사람들이 올린 후기를 검색하며 포스팅과 피드를 새로고침하는 데 드는 수고도 만만치 않았다. 외지에서 오는 여행객 손님이 많았던 만큼 온라인에서의 입소문이 중요했다. 입소문의 시작은 소통이라 믿었기에 어서어서의 후기를 담은 게시글마다 댓글을 달고 대댓글에 대대댓글 달기를 게을리하지 않았다. 오프라인과 온라인을 넘나들며 일사불란하게 움직이면서도 실수하지 않고 하나하나 꼼꼼하게 잘 처리할 수 있을까 하는 것이 내게는 가장 큰 고민이었다.

분명한 건 이 모두는 나 혼자 잘나서 누린 호황이 아니라는 점이다. 어서어서의 읽는 약 책 봉투나 책갈피, 포토존, 책 큐레이션, 인테리어, 공간 콘셉트, 책방 이름 등 고심 끝에 탄생한 모든 것 중 어느 하나 어서어서가 지금처럼 성장하는 데 영향을 미치지 않은 것이 없지만, 이들이 빛을 발하게 해준 그 밖의 모든 견인차는 순전히 어서어서 바깥에 있었다. 가장 중요한 건 황리단길에서 어서어서를 시작하겠다고 결정한 것이었다.

정확하게 황리단길의 부흥기와 함께 성장했다는 점이 누가 뭐래도 첫 번째 이유다. 인스타그램에 올라온 사진 한 장을 보고 두메산골의 비포장도로도 아랑곳하지 않고 달려가는 요즘이라지만, 그것도 식당이나 카페에 한정되는 이야기다. 그마저도 '외진 곳임에도 불구하고 사람이 많은'이라는 수식어가 붙지 않는가. 구석진 곳에서도 테이블이 빌 틈이 없는 데들은 유동인구가 많은 목 좋은 곳에 자리를 잡았다면 다들 그보다 몇 배, 아니 몇십, 몇백 배는 더한 인기를 누렸을 테다. 어서어서가 영업을 시작했을 무렵, 아직 문을 연 가게가 대여섯에 그칠 때부터 황리단길은 새로운 트렌드에 눈이 밝은 수많은 사람들이 다들 한 번씩 가보고 싶어 하는 장소로 꼽히기 시작했다. 그냥 지나가는 사람들도 아니고, 황리단길에 있는 모든 가게에 한 번씩 들어가 볼 마음을 먹고 오는 사람들이 수시로 가게 앞을 지나다녔으니 가만히 앉아 있어도 뭐 하는 데인지 보겠다는 손님이 절로 찾아왔다. 가게 운영에 이보다 훌륭한 입지 조건은 없었다. 이 길에 달랑 두 개 있는 식당에는 웨이팅 리스트가 빼곡하게 차지 않은 날이 없었으니 대기 명단에 이름을 올려놓고 멍하니 기다리기가 지루한 사람들이 종일 길을 서성거렸다.

SNS, 그중에서도 인스타그램의 영향력을 활용할 수 있었던 것이 두 번째 이유다. 인스타그램이 없는 세상을 상상하기도 어려울 만큼 인스타그램은 그야말로 전 세계 사람들의 소비 트렌드를 재편했다. 예쁘게 화장을 하고 단정하게 머리를 땋아 비녀로 장식하고 화사한 한복을 입고 궁을 배경으로 찍은 사진이 유행하자 서울의 사대문 안에 있는 경복궁, 창덕궁 근처에 한복 대여점이 우후죽순으로 들어섰다. 서울의 궁 관리사무소에서는 한복 착용자 무료 입장이라는 제도를 오랫동안 운영했지만 궁에서 한복 입은 사람을 보는 일은 명절을 제외하고선 좀처럼 드물었는데, 인스타그램이 그 어려운 일을 눈 깜짝할 새 해냈다. 팔로워가 만 단위를 넘어서는 인플루언서들이 제품 홍보 게시글을 올려주고 받는 광고비는 이제 웬만한 연예인과 견줄 정도인데도 타깃 마케팅 효과는 더 출중하니 눈 밝은 기업체에서는 인플루언서들을 발 빠르게 섭외한다. SNS를 가장 활발히 이용하는 일이십 대가 많이 찾을 법한 장소이자 타지역 여행객들이 차지하는 비중이 상당한 황리단길의 입지를 십분 고려하면 SNS에서 이미지를 통해 어서어서를 알리는 일이 시급했다.

처음부터 포토존으로 점 찍고 배치한 버스 정류장 의자나, 스마트폰을 꺼내 당장 사진을 찍고 싶을 만큼 색색이 돋보이게 전시한 시인선 책장 등은 내 예상을 적중했다. 여행 온 사람들이 가장 자주 하는 일이 사진 찍기다. 하물며 경주라는 도시에 전에 없던 분위기를 내뿜는 식당이며 카페가 옹기종기 모여 있는 황리단길은 점심시간을 틈타 별식을 즐기러 먼 길을 나선 근처 직장인들이나 경주 사람들까지도 들뜨게 했다. 쉼 없이 이미지가 생산되었고, 이미지는 더 많은 사람들을 황리단길로 불러들였다.

매체에 등장하는 것은 또 다른 문제다. 경영학에서는 새로운 것에 반응하는 속도에 따라 소비자를 다섯 단계로 구분한다. 새로운 제품이나 현상을 가장 앞서 경험하는 이노베이터 Innovator나 얼리어댑터Early Adapter가 스스로 탐색하여 가오픈 카페를 찾아가거나 밤새 줄을 서 오픈 당일에 신제품을 산다면, 그다음에 움직임을 보이는 얼리 머저리티Early Majority나

레이트 머저리티Late Majority를 움직이는 것은 대중매체다. 머저리티Majority, 즉 '다수'가 여기에 속하기 때문에 미디어에 노출된 다음에 유입되는 소비층이 어마어마하다. 소비하는 인구보다 더욱 잽싸게 움직이는 부동산, 개발, 자영업은 하루가 다르게 황리단길의 모습을 바꾸어놓았고, 잇따르는 방송 프로그램 촬영은 개발을 더욱 가속했다. 세 번째 이유까지 완벽하게 맞아떨어졌다.

어서어서는 황리단길의 부흥기와 함께 성장했다. 초기에는 문을 연 가게가 대여섯이다 보니 자연스럽게 발길이 어서어서로 향했다.

모두 저마다 조금씩 다른 이유와 목적으로 어서어서의 문을 열고 들어온다. 그중에는 나, 어서어서 사장에게 볼일이 있는 손님들도 있다. 삼 년 남짓한 시간을 통틀어 여남은에 그치는 매우 희소한 표본이다. 그들은 적당한 틈을 기다렸다가 말문을 연다. 시작은 칭찬이거나 공감이다.

작은 책방이라는 꿈,
동네 서점이라는 사업 아이템

　서점 문을 열고 들어오는 행위는 책을 살펴보겠다는 의지를 반영할까? 대체로 그러하나, 꼭 그렇지만은 않다. 친구나 애인의 손에 이끌려 들어와 영혼 없이 두리번거리는 손님도 있고, 경주에 언제 다시 올지 모르니 눈에 보이는 곳은 한 번씩 다 들어가보자 하는 근면한 여행 정신으로 무장한 손님도 온다. 사진 찍기에 열을 올리는 손님들을 빼놓고 얘기하면 섭섭하다. 위촉하지 못하였으나 자발적으로 나서주신, 우리 어서어서의 소중하고 감사한 비공식 SNS 홍보대사들이다.

　느낀 바를 조금도 여과하지 않고, 작지 않은 목소리로 "책 파네~"라고 말하며 실망한 듯 발걸음을 돌리는 손님도 있었다. 몇몇 영업장에서 사장은 이따금 투명인간이 된다. 서점뿐만 아니라 많은 가게 사장님들이 비슷한 경험을 해봤으리라. '책'에 액센트를 줘서 진한 경상도 사투리로 뱉어내는 "책 파네~"에 담긴 뜻은 '뭔데, 뭔데. 뭐 대단한 걸 팔길래 사람이 이래 많은데? 함 들어가 볼까? 아, 뭐고~ 그냥 책 파네~'다. 애초의 기대치를 만족시키지 못한 것을 두고 "그냥 떡볶이네~", "커피가 커피지 뭐."라고 하는 것과 같은 맥락에 놓인 말이라고 보면 무리가 없을 것이다. 그냥 떡볶이, 별다를 것 없는 커피로는 부족하듯, 책을 기대하지 않은 사람에게 책은 심심하다.

모두 저마다 조금씩 다른 이유와 목적으로 어서어서의 문을 열고 들어온다. 그중에는 나, 어서어서 사장에게 볼일이 있는 손님들도 있다. 삼 년 남짓한 시간을 통틀어 여남은에 그치는 매우 희소한 표본이다. 그들은 적당한 틈을 기다렸다가 말문을 연다. 시작은 칭찬이거나 공감이다.

"여기 너무 좋네요. 어쩜 이런 곳을 꾸미셨어요."

역시 책을 즐기는 사람답게 미괄식으로 긴장감을 고조하는 기승전결이 확실하다. 화자의 의도를 파악하기 위해서는 끝까지 들어봐야 하는 법.

"나도 이런 거 하고 싶은데…. 좀 물어봐도 돼요?"

유사 이래 불황이지 않은 적이 없다는 출판 시장이지만, 그럼에도 사람들은 책에서 새로이 꿈을 꾼다. 책방 사장도 그중 하나다. 어느 정도 책을 좋아하는 사람들이 이런 생각에 쉽게 이른다. 책으로 둘러싸인 환경에서 행복을 느끼는 사람들이다. 책에 대단한 애정이 있지 않은 사람 중에서도 책방을 꿈꾸는 사람이 있다. 좋은 음악이 흐르고, 책을 좋아하는 선한 사람들이 드나드는 아늑하고 따듯한 책방을 꿈꾸는 일은 어쩌면 누구에게나 퍽 자연스러운 일이 아닐까.

책방 창업에 대한 상담 요청을 넌지시 건네 온 사람들은 성별이 반반, 비교적 나이가 많은 분들과 젊은 분들이 반반이었다. 조금 더 세분화하자면 나이 지긋하신 쪽에는 여자 분들이 많았고, 젊은 쪽에는 남자 분들이 많았다. 적게는 삼십 분, 많게는 한 시간이 넘도록 나누는 대화는 비슷한 듯 조금씩 다르다. 가게를 차리고 운영하는 데 필요한 부동산, 인테리어 등의 현실적인 질문부터, 책방과 관련한 구체적인 질문까지 다양하다. 이를 테면 책을 팔아 남는 마진은 어떠한지, 판매용 책 입고는 어디에서 어떻게 하는지, 책을 큐레이션하는 기준은 어떻게 세우고 있는지, 책만 팔아서 운영이 되는지, 운영하는 데 필요한 최소 비용이나 임대료 등은 어느 정도인지, 커피나 주스처럼 음료를 같이 파는 것은 어떻게 생각하는지, 내가 지금 카페를 운영하고 있는데 카페 한쪽에 조그맣게 책장을 가져다 놓고 같이 운영하는 것은 어떻겠는지 등등 다양한 질문이 쏟아졌다. 마진이나 큐레이션처럼 누구 하나 빠짐없이 하는 질문도 있었고, 본인이 처한 상황에 따른 특수한 질문도 있었다.

장차 본인이 차릴 서점의 책 큐레이션을 좀 해줄 수 있겠느냐고 부탁하는 이도 있었고, 아예 분점을 제안하며 사업 파트너라는 큰 그림을 그리고 말을 거는 이들도 있었다. 이는 내 고려 사항이 아니다. 내가 없는 어서어서는 어서어서가 아니다. 직원도 두지 않고 혼자서 운영하며 틈틈이 밥을 먹고, 화장실에 가고, 커피를 사 오는 이유는 어서어서가 곧 나이기 때문이다. 어서어서는 황리단길의 역사와 함께하는 책방이고, 어서어서는 책 봉투에 책을 담아주는 곳이지만, 이런 것들은 언젠가 바뀔 수도 있다. 지금은 짐작하기 어려운 이유로 어느 날 갑자기 자리를 옮겨야 할 수도 있고, 책 봉투가 아닌 다른 무언가가 어서어서의 아이덴티티가 될 수도 있다. 그래도 어서어서는 어서어서다. 내가 읽고 고른 책, 손님들에게 소개하고 싶은 책을 알리고 싶은 방법으로 꾸리고 전시한 곳이라는 점은 달라지지 않으니까.

현실보다는 낭만에 치우친 듯한 꿈도, 현실에 발을 붙이고 있는 듯한 계획도, 어느 쪽도 내 눈에는 정말로 철저하게 준비하고 있는 듯 보이지 않았다. 그럼에도 나는 고백하건대 매순간 성심 성의껏 대답했다. 직원 없이 혼자 꾸려가는 서점에서, 영업 시간에, 아무런 대가도 없이, 자리에 서서 혹은 간이 의자에 마주 앉아서, 할 수 있는 한 최선을 다해 내가 해드릴 수 있는 이야기를 모두 해드렸다. 몇십 년 된 식당의 비밀 레시피도 아니고, 손만 대면 성공하는 사업가의 훔치고 싶은 경영 전략에 비할 바는 아니겠지만, 경주라는 작은 도시에서 책방을 꾸려 다음을 생각할 수 있는 이윤을 내는 사람으로 해줄 수 있는 조언은 다 해주었다.

나에게 조언을 얻은 누군가가 어서어서 바로 옆집에 책방을 차리더라도 좋다. 동네 서점이 더 많이 생기면 좋겠다. 아직 당해보지 않은 자의 호기일까? 어쩌면 당장은 손님이 줄어들지도 모르겠다. 하지만 결과적으로는 동네 서점이라는 문화가 확대되고 자리 잡으리라 생각한다. 하루에도 수많은 책들이 쏟아져 나오고, 업계 종사자들조차 그 많은 신간을 다 파악하기 어렵다. 자기가 관심이 있는 분야, 자신의 업무와 맞닿은 분야만 파악할 뿐이다. 문화는 날이 갈수록 더더욱 다양해지고, 책의 홍수 속에서 안타깝게 사라져가는 책들도 너무나 많다. 수많은 동네 서점들이 있고 또 생긴다 해도 같은 곳은 하나도 없다. 서점마다 자기만의 색을 가지고 있고, 그런 서점이 많아질수록 이 산업은 다채로워지리라 생각한다.

그래서 그 여남은 이들이 책방을 차렸느냐고? 모른다. 나와 이야기하고 돌아가서 가타부타 답을 해준 이는 아무도 없었다. 서운하지도, 허무하거나 아쉽지도 않다. 아니, 그중 아무도 서점을 열지 않았길 바란다. 이것이 내 솔직한 생각이다. 하시고 싶으시면 얼마든지! 이것도 내 솔직한 생각이다. 그냥 한번 물어본 것이라면 차라리 다행이고, 돈은 충분히 많으니 취미로 운영한다면 더 다행이다. 하지만 책방으로 이윤을 내겠다고 생각한다면, 생계를 유지하기 위한 수단으로 삼겠다면 자신만의 필살기를 갖추고 철저하게 계획하고 실행해야 한다. 낭만을 돈으로 바꾸려면 대단한 각오와 전략을 갖추어야 하는 법이다.

이미지가 본질보다 더 값비싸게 소비되는 시대다. 마카롱의 코크와 필링을 제대로 만드는 것만큼 독특한 모양을 창작하는 데 집중하고, 질 좋은 고기를 제대로 숙성하여 손님에게 제공하는 것만큼 현란한 굽기 기술과 도구에 치중해야 한다. 수백 년 전 선조들은 이런 세상이 올지 어찌 아시고 "보기 좋은 떡이 먹기도 좋다"라는 명언을 남기신 걸까. 이미지는 이제 선택의 영역이 아니다. 본질에'만' 집중하며 언젠가는 대중이 그 진가를 자연스럽게 알아주기를 기다리기엔 세상이 너무 빠르게 변한다. 가오픈 중인 가게만 찾아다녀도 하루, 한 달이 부족한 사람들에게 본질로만 호소할 수는 없다.

그럼에도 불구하고 가장 기본적이고 필수적인 것이 바로 본질이다. 가게의 생존을 결정짓는 것은 결국 본질이다. 음식점을 하려면 누구보다 제대로 만들 수 있는 메뉴가 있어야 하고, 카페를 하려면 누가 뭐래도 커피를 맛있게 내릴 줄 알아야 한다. 맛이 없어도 지금 이 순간 '살아 있는' 음식점이나 카페는 있지만, 오랫동안 '살아남은' 음식점이나 카페 중에 맛없는 곳은 없다. 백 년 가는 가게 이야기를 하는 게 아니다. 살인적인 웨이팅을 자랑하던 가게가 한가해지는 데 채 일 년이 걸리지 않는 일이 드물지 않다.

책방이 지켜야 할 본질은 무엇일까. 책방이 다른 곳들과 다른 점이 있다면 책은 같은 책을 다른 수많은 곳에서도 살 수 있다는 점이다. "평양냉면은 OOO이지", "커피는 OOO를 따라올

곳이 없다니까" 같은 독자성을 가질 수 없다. 취향에 따라 서로 다른 음식점과 카페를 꼽을 수는 있겠지만, 각자에게는 다른 그 어느 곳도 대체하지 못하는 고유한 장소들이다. 책은 다르다. 어서어서에 있는 많은 책들이 이웃 책방에도 있다. 온라인 서점에는 말할 것도 없다. 방대한 보유량뿐인가. 할인도 해주고, 적립도 해주고, 쿠폰도 주고, 하루 만에 혹은 당일 저녁에 집으로 배송도 해준다. 온라인 쇼핑 총 금액이 마침내 오프라인 쇼핑 총 금액을 넘어섰다는 2020년에, 제값 주고 사는 게 곧 바가지 쓰는 일이라고 여겨지는 이 시대에 긴 온라인 서점 역사 내내 이미 제값인 적 없었던 책값을 이제 와 제값 받고 파는 게 어디 쉬운 일이겠는가. 그러니까 책 팔아 살아남기 위해서는 똑같은 책을 다르게 소개하고 전달하는 자신만의 큐레이션을 가지고 있어야 한다. 어디에도 없는 자기만의 필살기를 확보해야 한다. 그 큐레이션과 필살기가 온라인 서점과 비교가 안 될 만큼 적은 수의 책을 보유한 책방들을 살아가게 한다. 그게 바로 동네 서점 다 죽는다고 부르짖던 암흑기를 지나 수많은 동네 서점이 다시 저변을 넓혀가고 있는 지금 이 문화를 설명한다.

　얼핏 비슷해 보이는 동네 책방들을 들여다보면 저마다 각각의 개성으로 반짝반짝 빛난다. 베스트셀러 목록에는 없었지만 조카에게 선물하면 너무 좋아할 것 같은 창의적인 동화책이 빽빽한 서점이 있고, 생각지도 못한 범주나 테마로 묶은 책 리스트를 보면서 스쳐 지나갔던 책을 다시 살펴보게 만드는 서점도 있다. 주인이 직접 쓴 추천사의 신뢰도가 대단해서 고민 없이 책 고르기에 좋은 책방도 있다. 맥주를 마실 수 있는 책방, 사람들이 자유롭게 모여서 이야기를 나누기 좋은 책방, 숙박과 연결 지은 책방, 미술과 결합한 책방, 바다가 지척인 책방처럼 책 그 이상을 즐길 수 있는 매력까지 갖춘 책방들은 또 어떤가.

하지만 책 이상의 것들은 가끔 살기 위한 몸부림이기도 하다. 커피를 팔고, 맥주를 파는 것을 단순히 책방의 콘셉트라고만 보기는 어려운 것이, 책 판매 수익만으로는 책방을 유지하기 어려워서 고민 끝에 선택한 수입원인 경우도 적지 않기 때문이다. 책방 사장님들은 제각각 다른 이유로 고되다. 그런 그들이 입을 모아 토로하는 고충 중 하나가 판매용 책 훼손인 마당에 책방에서 음료를 팔 때는 얼마나 큰마음을 먹은 것이겠는기.

반면 책방 사장이 버릴 것이 있다면 '고집'이라고 하고 싶다. 네이버에서 한때 '지식인의 서재'라는 이름으로 온라인 콘텐츠를 발행했는데, 수많은 분야의 다양한 인물들이 자기 서재에서

엄선한 백 권의 책을 소개하는 게시물이었다. 누구나 한 번쯤 들어본 베스트셀러에서부터 처음 보는 낯선 책까지, 새로운 책을 발견하는 재미에 더불어 인물의 머릿속을 여행한 기분이 드는 몹시 흥미로운 콘텐츠였다. 누군가의 책장은 그 사람에 관한 많은 것을 보여준다. 단지 취향뿐만 아니라 생각, 가치관 등을 엿볼 수도 있다는 점에서 몹시 특별하고 재미있다. 자신의 책장을 드러내기를 주저하는 사람도 있고, 과시하는 사람도 있고, 책장만 보고도 책장 주인에게 동질감을 느끼는 사람도 있는 이유일 테다.

사교적인 목적에서의 공유가 아니라, 자영업으로써의 공유라면 이야기는 달라진다. 나만의 책방을 꾸리지만 사람들과 나누고 싶은 메시지를 담아야 한다. 사람들이 공감하는, 정서를 건드리는 콘텐츠도 제공해야 한다. 자기 이야기만 하는 사람과는 거듭 만나고 싶지 않듯이, 대중과는 결이 달라도 너무 다른 사장 개인의 취향만 고집하고 외치는 서점에 또 가고 싶을 리가 없다. 취향이 정확히 일치하는 소수의 사람 외에는 금세 잊히고 만다. 우리 서점의 매출을 크게 나누면 내 개인 서재에 있는 책이 차지하는 비중이 30%, 내 서재에 없는 책이 차지하는 비중이 70%이다. 서점의 서가를 차지하는 비중은 내 서재에 있는 책과 없는 책이 각각 70:30이지만 매출은 그 반대인 것이다. 즉, 어서어서의 존폐를 결정하는 책은 내 서재에 없는 책들이다. 개인적으로는 읽지 않지만 손님들이, 독자들이 공감하는 책을 끊임없이 고민한다. 어서어서를 통해 어서어서를 방문하는 손님들과 끊임없이 소통하는 것이다.

모두 해보기 전엔 알기 어려운 운영의 어려움, 경영의 어려움, 홍보의 어려움이다. 그래서 책방을 하고 싶어 하는 이들에게 가장 권하고 싶은 것, 가장 실질적으로 도움이 되리라 믿는 조언은 책방에서 일을 해보라는 것이다. 책방에서 일을 해보면 책방을 차리겠다는 생각이 쉽사리 들진 않을 것이다. 채 30%가 되지 않는 마진율부터 암담하다. 이조차 운영비와 인건비 등은 하나도 고려하지 않은 도매가 대비 순수 상품 판매 차익이다. 백 번 듣는 것보다 한 번 보는 게 낫다지만, 백 번 보고 천 번 배우는 것보다 한 번 겪어보는 것만 한 게 없다. 책방을 차리고 싶다면 먼저 책방에서 일을 해보기를 추천한다.

설상가상이라는 말을 이럴 때 쓰자니 좀 어색하지만, 설상
가상으로 올해 2월 휴가 직전에 매출이 정점을 찍었다. 닥
쳐올 위기는 예상치 못한 채 한 달 만에 돌아온 휴가를 만
끽하기 위해 짐을 쌌다. 삼 일에 불과한 휴가를 마치고 돌
아온 날, 모든 것이 달라진 황리단길이 나를 맞았다.

코로나 시대의 자영업,
그리고 동네 서점

어서어서의 가파른 상승세는 멈추지 않고 이어졌다. 처음 책방을 시작할 때만 해도 읽는 약 책 봉투의 수명을 일 년, 길어봐야 이 년 정도일 거라고 예측했다. 모든 것이 워낙 빠르게 변했고, 그 속도는 점점 더 빨라졌다. 오래가는 것은 오래된 것뿐이었다. 새로운 것은 모두 시한부로 시작하는 듯 보였다. 대박을 터뜨리기도 어려운데, 터뜨려봐야 몇 개월 안에 사그라드는 것들이 지천이었다. 오래 지속하는 것보다는 새롭고 낯선 것으로 호기심을 집중시키는 일이 차라리 쉬워 보일 지경이었다.

시작점에서부터 책 봉투에 대한 사람들의 관심이 언제 줄어

들지 모른다는 위기감을 마음 한편에 가지고 있었던 이유다. 잘나갈 때 다음을 그려야 한다고, 항상 다음 콘셉트를 준비해야 한다고 늘 강박에 사로잡혀 있었다. 예상보다 지나치게 순조로웠던 탓일까. 아이러니하게도 모래시계 위의 모래가 줄어들수록 나는 더 느슨해졌다.

설상가상이라는 말을 이럴 때 쓰자니 좀 어색하지만, 설상가상으로 올해 2월 휴가 직전에 매출이 정점을 찍었다. 닥쳐올 위기는 예상치 못한 채 한 달 만에 돌아온 휴가를 만끽하기 위해 짐을 쌌다. 삼 일에 불과한 휴가를 마치고 돌아온 날, 모든 것이 달라진 황리단길이 나를 맞았다. 대구에서 확산한 코로나19 집단 감염의 여파가 경북을 휩쓸고 간 직후였다.

국내 첫 코로나19 확진자가 나온 시점이 2020년 1월 말, 하루 이틀 걸러 한 명씩 확진자가 추가되긴 했지만 아직은 서울과 수도권에서 드물게 일어나는 일처럼 보였다. 설 연휴가 지나고 서울에서는 하나둘 마스크를 쓰는 사람이 늘어난다는 소리가 들렸고 몇몇 기업에서 출입구에 열화상카메라를 설치해 드나드는 사람들의 체온을 측정한다는 이야기가 전해졌으나, 모두 개인과 기업의 자발적인 움직임이었다. 잊을 만하면 한 번씩 등장해 전 세계를 긴장하게 했던 그전의 신종 바이러스처럼 얼마간 시간이 지나면 잠잠해질 거라고 모두가 생각했다. 신종 바이러스가 나타나면 백신이 완성되기 전까지는 공포에 떠는 일밖에는 달리 할 수 있는 일이 없었다. 비록 몇몇은 안타깝게도 사망에 이르렀지만, 어느 정도 시간이 지나면 확산세가 멈췄다. 코로나19도 다르지 않겠거니 하고 막연히 생각했다. 마스크 구매 대란이니, 대중교통 마스크 의무 착용이니, 사회적 거리 두기 같은 단어는 상상하지 못할 때였다.

대구 집단 감염 사태는 서울과 수도권에 거주하는 사람들보다는 긴장감이 덜했던 대구, 경북 지역 사람들에게 날벼락처럼 들이닥쳤다. 긴장의 고삐를 당길 새도 없이 낯선 전염병이 온 동네를 잠식했다. 황리단길을 찾는 발걸음이 뚝 끊어졌다. 며칠 전까지만 해도 오가는 인파로 좁은 길이 북적였던 그곳이 이곳이었나, 하고 눈을 씻고 다시 보게 될 정도였다. 한 시간 전에 책을 사서 나간 손님의 얼굴도 뒤섞여 떠올리기 힘들었던 때가 언제였나 싶게, 온종일 어서어서를 들고난 손님들이 머릿속에 모두 떠올랐다.

멈춘 건 어서어서뿐만이 아니었다. 식당도, 카페도, 선물 가게도, 베이커리도, 옷 가게도, 술집도 모두 멈췄다. 무기력하게도 할 수 있는 일은 아무것도 없었다. 우리 모두 저마다 각자의 방식으로 황리단길에서 처음 맞은 낯선 고요를 건넜다.

　한 달이 흘렀다. 대구발 대규모 감염은 확산세가 겨우 주춤해지는 듯 보였으나, 전 세계적인 팬데믹은 한층 심각해졌다. 3월 마지막 주에 가질 예정이었던 삼 일간의 정기 휴무도 일주일 앞당겨 보내고 돌아온 다음이었다. 코로나 확산이 가장 심각했던 시기에 다른 가게들처럼 잠시 움츠린 채로 이 위기가 지나가길 기다리겠다는 마음으로 결정한 바였다. 하지만 변경한 정기 휴무가 끝나고 난 뒤에도 희망의 빛은 보이지 않았다. 언제일지는 모르겠으나 끝이 있으리라 믿었던 낙관을 거두어 들여야 할지도 모른다는 생각이 서서히 피어 오르기 시작했다. 한 달은 삼 년에 걸쳐 쌓은 안정감을 와르르 무너뜨리기에 충분한 시간이었다. 설상가상으로 만 한 달이 지나자 그때부터는 업종별로 격차가 벌어지기 시작했다.

　모두가 집 안에 틀어박혀 숨죽이던 3월이 지나, 마스크를 꼼꼼하게 쓰고 사회적 거리 두기와 기침 예절을 지키며 조금씩 바깥 활동을 다시 시작하던 시기였다. 때는 4월이었다. 창틈으로 새어 들어오는 봄바람이 얼어붙은 마음도 녹이는 초봄이었고, 경주 시내에는 벚꽃이 흐드러지게 폈다. 실내 공간을 되도록이면 피하던 사람들이 찌뿌둥한 몸을 이끌고 조심스럽게 야외 산책에 나섰다. 음식점과 카페가 가장 먼저 활기를 되찾았다. 일부러 식사 때를 피해 나들이에 나서지 않은 이상 끼니는 챙겨야 했다. 커피는 테이크아웃으로 주문하면 걸으면서도 마실 수 있었다. 더디게나마 늘어나는 방문객들이 무색하게 4월까지도 가장 외면당한 곳이 바로 우리 어서어서 그리고 이웃 가게인 베리삼릉공원이었다. 나들이객들은 꼭 필요하지 않은 실내 활동은 가능하면 피하는 듯한 눈치였다. 경주를 기념할 수 있는 독창적인 기념품과 각종 소품을 판매하는 베리삼릉공원 사장님들은 고민 끝에 재정비의 시간을 갖기로 하고 한동안 셔터를 내렸다. 나는 일주일을 당겨 쉬었던 3월의 휴일을 마치고 예정대로 4월 마지막 주 휴일을 가질 때까지 한 달이 조금 넘는 시간 내내 여느 때처럼 책방 문을 열었다. 야외 활동을 제대로 못 하는 상황에서, 각자의 영역에서 가지는 독서가 이 시기에 누릴 수 있는 가장 값진 사치라고 판단했다는 글을 써서 어서어서 공지 계정에 올렸다. 마스크를 꼭 쓰고 입장해 달라는 당부와 손 소독제 사용 요령도 함께 게시했다.

정적은 4월 마지막 주 휴가 때까지 이어졌다. 코로나는 사람들이 보이는 활동 양상의 많은 부분을 강제로 바꾸어놓았지만, 헤쳐나갈 길이 보이지 않는 난세 속에서도 몇몇 생활 패턴은 고집스럽게 원래의 제 모습을 되찾아갔다. 예전의 기세를 힘겹게 회복해 가는 다른 가게들을 보면서 어쩌면 지금부터는 어서어서의 문제일지도 모르겠다는 생각을 했다. 그동안 미루어두었던 고민을 다시 꺼내고, 2호점을 비롯하여 계획했던 바의 실행을 잠시 보류했다. 재검토가 필요했다.

걱정과 고뇌로 속이 시끄러웠던 4월의 정기 휴무를 보내고 4월 30일 목요일, 다시 한번 마음을 다잡으며 어서어서의 문을 열었다. 1980년 5.18 광주민주화운동 계엄령으로 행사가 진행되지 못했던 이래 40년 만에 연등회가 취소되고, 부처님오신날 기념 법회 등 모든 불교 행사도 한 달 뒤인 5월 30일로 미뤄진 채 조용하게 맞은 부처님오신날 휴일이었다. 그런데 눈앞에 예상치 못한 광경이 펼쳐졌다. 다시 어서어서의 문이 분주하게 열리고 닫혔다. 우연인가 생각할 때쯤 다음 손님이 들어오고 또 다음 손님이 들어왔다. 오랜만에 들이닥친 손님으로 얼떨떨한 하루가 저물어갈 쯤이 되어서야 그날이 황금연휴가 시작되는 날이라는 사실이 떠올랐다. 휴일이 귀하디귀한 2020년 달력에서 4월 30일부터 5월 5일까지 부처님오신날부터 근로자의 날, 주말, 어린이날이 이어지는, 5월 4일 월요일 하루만 휴가를 쓰면 무려 6일 연속으로 쉴 수 있는 값진 연휴가 막 시작된 것이었다. 덕분에 황리단길은 하루아침에 예전의 활기를 되찾았다. 어서어서에는 하루하루 바싹바싹 말라가던 운영난에 큰물을 길어 올려준 귀한 마중물 같은 황금연휴였다. 비록 이전으로 돌아가는 것은 불가능한 일이겠지만, 생각하고 준비할 시간을 벌었다는 것만으로도 감사한 일이다.

한편에서는 우려했던 일이 터지고야 말았다. 모두가 안전하고 즐겁게 보냈다면 더할 나위 없었을 이 황금연휴 동안 서울 이태원 클럽발 집단 감염이 발생한 것이다. 모두가 이러지도 못하고 저러지도 못하는 날들이 계속되고 있다는 느낌이다. 확산세를 진정시키기 위해서는 실내 활동을 최소화해야 하지만, 모든 실내 활동을 금지하는 것은 수많은 자영업자들을 궁지로 내모는 일이니 어느 쪽으로도 쉽게 결정할 수 없는 상황이다. 몇 달 전부터 몇몇 전문가들은 앞다투어 말했다. 세상은, 그리고 우리 모두는 결코 코로나 이전으로 돌아갈 수 없다고 말이다. 코로나 시대에 자영업이, 책방이, 어서어서가 나아가야 할 길은 무엇일까. 더는 고민을 미룰 수 없었다.

제 4장

더하여,
문화를 생산하는
서점

아날로그에 대한 집착은 사서 고생하는 길을 자처하게 했다. 어서어서에는 포스가 없다. 카드 리더기까지 거부한다는 것은 장사를 접겠다는 뜻이나 다름없으니 당연히 카드 리더기는 구비해 두고 있지만 손님들에게는 잘 보이지 않는 카운터 아래쪽에 두고 사용한다.

종이책의 감성을 극한으로
끌어올리는 아날로그

댕댕댕댕댕.

매시 정각 그리고 매시 30분이 되면 어서어서의 작은 공간에 울려 퍼지는 소리다. 어서어서에서 소리를 담당하고 있는 커다란 괘종시계가 내는 음이다. 바코드 스캐너의 빨간 레이저가 책 뒤표지의 검은색 선이 불규칙하게 늘어선 바코드를 인지하는 순간 내는 날카로운 삑 소리나 포스의 자판을 두드리는 소리, 금전함이 열렸다 닫히는 소리 등등이 없는 어서어서에서는 가히 지분을 가장 많이 차지하고 있는 소리라고 봐도 무방하다.

나는 소리까지 디자인하는 서점 주인이다, 같은 이야기를 하는 건 아니다. 어서어서에서 귀에 들리는 소리들은 종이책이 주는 아날로그 감성을 일관되게 이끌어가기 위해서 현대의 기술 문명을 가능한 한 배제한 결과 자연스럽게 만들어진 분위기 중 하나일 뿐이다. 한편 소리의 힘은 생각보다 크다. 우리가 잠자리에 들 때, 요가를 할 때, 마음에 평화가 필요할 때 유튜브 앱을 켜고 찾아 듣는 소리는 다름 아닌 숲속에서 바람이 부는 소리고, 모래밭에 비가 툭툭 떨어지는 소리며, 종이에 사각사각 연필로 글을 쓰는 소리다. 모두 디지털에 기반한 기계음들과는 한참 거리가 멀다.

아날로그에 대한 집착은 사서 고생하는 길을 자처하게 했다. 어서어서에는 포스가 없다. 카드 리더기까지 거부한다는 것은 장사를 접겠다는 뜻이나 다름없으니 당연히 카드 리더기는 구비해 두고 있지만 손님들에게는 잘 보이지 않는 카운터 아래쪽에 두고 사용한다. 포스가 없으니 바코드 스캐너도 없고, 디지털화한 재고 관리 시스템도 없다. 팔린 책은 그 자리에서 손으로 장부에 쓴다. 어서어서 안에 진열된 모든 책의 리스트는 다 내 머릿속에 저장했다. 어느 책장 몇 번째 칸에 있는지, 가격은 얼마인지, 재고는 몇 권이 남아 있는지도 모두 머리로 기억하고 필요할 때 꺼내어 본다. 비상한 기억력 자랑이라기보다는 단지 어디에나 있는 서점이 아니라, 하나하나 내가 다 직접 고르고 읽은 책들을 모아둔 어디에도 없는 서재라는 개념의 연장선상에 놓고 싶은 이야기다.

손님이 골라온 책을 바코드로 삑 찍은 다음 만 삼천오백 원입니다, 하고 기계적으로 값을 치르는 모습은 어서어서와 어울리지 않는다. 그건 어디에나 있는 책이자 어디에나 있는 서점이다. 어서어서에서는 손님이 골라온 책을 표지만 보고 만 삼천오백 원입니다, 라고 말하고, 책값을 받고, 판매 내역에 팔린 책 제목을 손으로 적고, 읽는 약을 받으실 분 성함을 여쭈어 책봉투에 또렷하게 적은 다음 꼬박꼬박 드시라는 말과 함께 건넨다. 손님이 이 책 어떠냐고 물어보면 막힘없이 설명할 수 있어야 한다. 그보다 손님으로 하여금 이곳에 있는 모든 책에 관해서는 저 사장에게 물어봐야겠다는 생각이 자연스럽게 들게 만드는 분위기를 마련하는 것이 먼저다. 그리고 손님이 책을 구매하는 과정에서 느끼는 익숙한 듯 낯선 경험처럼 미세한 깃들이 모여서 하나의 커다란 분위기, 어서어서의 어디에도 없는 감성을 만든다고 생각한다.

비닐봉지를 사용하지 않는 것 역시 아날로그 감성을 유지하기 위한 바다. 약 일 년 전부터 환경오염의 심각성을 인지한바 법적인 강제성을 띠고 각종 영업장을 대상으로 대대적인 플라스틱 줄이기 정책이 시행되었다. 플라스틱 빨대가 사라지고, 색색의 페트병들이 투명한 색으로 바뀌었으며, 아무렇지 않게 담아주던 공짜 비닐봉지가 자취를 감추는 등 각종 일회용품 사용률이 급감했다. 어서어서에서는 문을 연 이래로 항상 크래프트지로 만든 책 봉투에 구매한 책을 담아드렸으니 비닐봉지를 사용할 일은 거의 없다. 비가 많이 오는 날이나 책을 대량으로 구매하실 때는 불가피하게 비닐봉지에 책을 담아드리기도 하지만, 이처럼 특수한 상황을 제외하고는 읽는 약 책 봉투가 사신 책을 담아드리는 봉투이자 선물 포장의 역할을 동시에 하고 있다.

환경보호에 대한 의식이 남다른 몇몇 사람들처럼 앞장서서 지구를 지키는 행보를 걷고 있다고 하기엔 너무 거창하고, 부족한 점도 많다. 단지 예전부터 개인적으로도 되도록 비닐봉지는 쓰지 않으려고 노력하던 편이었고, 어서어서 책 봉투가 주는 정겨운 느낌에도 비닐봉지는 어울리지 않는다고 생각했다. 책이 든 봉투를 쥐었을 때 약간은 까슬까슬한 듯한, 사각사각거리는 봉투의 느낌이 좋다. 청각까지 디자인하는 책방 사장은 아니지만, 이 촉감만큼은 잃고 싶지 않았다. 책 봉투를 들고 가는 손님과도 이 느낌을 나누고 싶었다. 경주를 찾은 일 없지만 멀리서 선물로 이 책 봉투를 건네받은 누군가 역시 어서어서를 처음 만나는 방식이 군더더기 없이 매끈하고 차가운 비닐봉지보다는 투박하지만 미지근한 종이 봉투였으면 했다.

지난여름에는 처음으로 어서어서 에코백을 만들었다. 책을 여러 권 구매하시는 분들이나 경주 여행을 기념할 만한 물건을 찾는 분들, 비닐봉지가 아닌 다른 담을 것을 찾는 분들이 종종 하시던 이야기가 머릿속을 한참 맴돌았다. 어서어서에서는 되도록이면 책에 집중하고자 했기 때문에 소품이나 굿즈를 제작할 계획은 없었지만, 비닐 말고 책을 담을 만한 것을 찾는 분들을 위해 실용적으로, 또 2호점에서 시도할 소품과 굿즈 등의 예행연습으로 고심 끝에 만들었다. 미색 캔버스천 위에 '어디에나 있는 서점, 어디에도 없는 서점'을 영어로 옮긴 'Anywhere, Nowhere, Bookstore'라는 글자를 알록달록한 타이포그래피로 꾸민, 카운터 옆 에코백이 바로 그 주인공이다. 나에게도, 손님들에게도 특별히 애틋하지만 어쩔 수 없이 일회용에 그치는 책 봉투의 아쉬움을 에코백이 채워주길 바라는 마음도 담았다.

각종 최첨단 기기를 사용하는 사람들이 잠에 들 때면 빗소리를 ASMR 사운드로 틀고, 하루에도 수십 수백 장의 사진을 거리낌없이 눌러대던 사람들이 이제는 희소성 때문에 하루가 다르게 값이 뛰고 있는 필름으로 사진을 찍고 인화한다. 각종 사진 촬영 소프트웨어의 눈부신 발전으로 필름 카메라의 느낌을 귀신같이 흉내내는 앱이 다양하게 출시되었음에도 불구하고 일부러 진짜 필름 카메라를 구해서 사진을 찍는 진풍경이 펼쳐진다. LP판이나 성냥의 귀환은 벌써 몇 년 묵은 이야기다.

아날로그 감성에 충실한 책방을 운영하면서 전자책이 종이책을 완벽하게 대체하는 일은 결코 일어나지 않으리라는 추측에 확신을 더했다. 종이책을 놓지 못하는 이들이 찾는 책방을 꾸준히 이어가기 위해서는 아날로그 감성을 충실하게 구현해야 한다는 깨달음은 덤이다.

아날로그 감성을 이어가기 위해 바코드 스캐너를 두지 않았다. 오래된 가구로 인테리어한 이유 또한 마찬가지다.

오래된 물건으로 만든 어서어서의 분위기는 종이책을 좋아하는 이들에게 기분 좋은 공감을 주는 듯하다.

매시 30분을 알려주는 벽시계. 어서어서의 아날로그 감성에 한 스푼을 더해준다.

일회용에 그치는 책 봉투의 아쉬움을 채워주길 바라는 마음으로 만들었다. 비닐봉지 대신 책을 담고, 오래오래 사용하기를 바라면서.

칭다오 도서관뿐만 아니라 국내 대학교, 사기업, 도서관 등
에서 교내, 사내, 관내 책 관련 이벤트를 기획하고 있는데
해당 행사에서 읽는 약 책 봉투의 아이디어를 빌려 사용해
도 괜찮겠냐는 문의를 여러 번 받았다. 모두 그렇게 하시
라 말씀드렸다.

읽는 약 책 봉투의
기쁨과 슬픔

약국에서 받은 약 봉투에서 읽는 약 책 봉투 아이디어를 떠올릴 때부터 마음 한구석에 남아 있던 '이거 진짜 될까?' 하는 일말의 불안감을 마침내 걷어낼 때까지 온라인과 오프라인으로 사람들의 반응을 거듭 확인하며 찾아보았다. 이제는 어서어서의 아이덴티티가 자리를 잡아가고 있음을 느끼고 있다. SNS로 이어지는 뜨거운 반응 못지않게 흥미로웠던 에피소드도 많다. 바로 읽는 약 책 봉투 아이디어가 국경을 건너 칭다오에 간 사건이다.

여느 때처럼 카운터에 서서 책을 읽고 있는데 한 손님이 말을 걸어왔다. 칭다오 도서관에 근무하는 도서관 직원이라고 본인을 소개하며 책 봉투가 너무나 흥미로웠다고 말을 이었다. 이어서 책 봉투 아이디어를 칭다오 도서관에서 빌리고 싶다고 요청하셨다. 순간 칭다오 도서관이 어디에 있는 도서관인가 하고 생각했다. 이야기를 하고 있는 손님은 유창하게 우리나라 말을 하는 우리나라 사람이었고, 읽는 약 책 봉투의 존재가 바다 건너 옆 나라까지 소문이 났을 거라고는 조금도 생각한 적이 없어 중국에 있는 도시 칭다오가 퍼뜩 떠오르지 않았다. 그런데 정말 중국 칭다오 도서관이었다. 맥주로 유명한 바로 그 도시. 도서관에서 근무하시는 한국인 직원인지, 한국어를 우리나라 사람처럼 유창하게 하는 중국인 직원인지 채 물어볼 정신도 없이 얼떨떨했다. 나도 가보지 못한 도시를 어서어서의 읽는 약 책 봉투가 먼저 여행을 떠난다니, 왠지 뿌듯하고 감격스러운 순간이었다.

물론 흔쾌히 허락했다. 칭다오 도서관뿐만 아니라 국내 대학교, 사기업, 도서관 등에서 교내, 사내, 관내 책 관련 이벤트를 기획하고 있는데 해당 행사에서 읽는 약 책 봉투의 아이디어를 빌려 사용해도 괜찮겠냐는 문의를 여러 번 받았다. 모두 그렇게 하시라 말씀드렸다. 별다른 조건도 두지 않았다. 단지 경주에 있는 책방 어서어서의 책 봉투 아이디어를 빌려온 것이라는 점만 밝혀주십사 요청드렸다. 전부 일회성 이벤트였고 지속적으로 사용하는 것이 아니었기 때문에 출처만 밝히면 괜찮았다. 이렇게 사용 허락을 구하는 요청이 들어오기 시작했을 때는 이미 읽는 약 책 봉투는 곧 어서어서의 트레이드마크임을 수많은 사람들이 인지하고 또 인정하고 있다는 자신감도 꽤 있었다.

어서어서에 알리지 않고 아이디어와 디자인을 무단으로 도용하는 곳도 있지 않을까 하는 노파심이 든 것도 그 무렵이었다. 설마 이렇게 확실하게 어서어서의 색깔이 담겨 있는 책 봉투를 도용할까 싶었지만 필요 이상의 노파심이 아니었다. 정말로 이 아이디어와 디자인을 베껴 버젓이 상업적으로 활용하고 있는 곳이 있음을 알게 되었다.

어느 구석에 숨어 카피캣을 만들어내는 것이 좀처럼 만만하지 않은 세상이다. 매일매일 새로운 정보가 올라오는 SNS가, 자신이 좋아하는 장소나 대상이 억울한 일을 당하는 모습을 보면 당사자보다 앞장서서 정의를 외치는 사람들이 곳곳에서 지켜보고 있다. 그럼에도 불구하고 염치없이 태연하게 따라 하는 사람들도 여전히 있다.

책 봉투 카피캣의 존재도 어서어서를 좋아해 주시는 손님들이 전해주셨다. 울산에 있는 어느 책방에서 읽는 약 책 봉투와 똑같은 콘셉트로 책을 판매한다는 이야기가 잇따라 전해졌다. 유쾌하지 않았지만, 얼마간 자포자기하는 마음도 있었다. 모든 정보가 시간과 공간을 가리지 않고 시시때때로 공유되는 이 시대에 정말 독보적인 아이디어와 디자인이 아닌 이상 그 시작을 찾기가 쉽지 않다. 독보적이라는 정의조차 모호하다. 그것이 비롯함과 동시에 폭발적인 속도로 퍼졌다면 시작을 찾아내기는 더욱 어려워진다. 누가 누구를 베꼈는지 여기저기서 공방이 벌어지고, 해당 장소를 좋아하는 소비자들이 합세하면 전투는 더욱 가열된다. 한편 디자인이나 콘셉트 아이디어는 저작권이나 특허 등록 등으로 대상에 대한 권리를 주장하기가 무척 애매한 것들이라는 이야기도 여러 번 들어 잘 알고 있었다. 그로 인한 사건사고 또한 SNS에서도 끊이지 않는다.

어차피 읽는 약 책 봉투는 어서어서의 아이덴티티고, 울산의 그 책방이 어서어서를 베낀 것임을 하늘도 알고 땅도 알고 나도 알고 손님들도 알고 있었으니 뭐, 그걸로 됐다 하는 마음도 있었다. 가시적인 결과를 당장 이끌어낼 수 있는 방법도 별달리 없었으니 소모적인 신경전은 벌이고 싶지 않다는 마음도 함께였다.

하지만 이번 사건만은 그냥 넘어갈 수 없는 결정적인 정보가 날아들었다. 울산의 그 책방 사장님께서 본인이 어서어서 사장님과도 잘 아는 사이라고, 그래서 어서어서처럼 읽는 약 책 봉투에 손님이 구매한 책을 담아드리는 같은 콘셉트로 서점을 운영한다고 했다는 이야기가 들렸다. 한두 사람의 입을 거치면서 말의 뉘앙스나 토씨는 조금 달라지기도 했겠으나, 맥락은 그러했다. 이대로 있을 수 없었다. 당장 전화기를 들었다.

"안녕하세요. OOO 책방 사장님이신가요?"

"네, 그렇습니다."

"저는 경주에서 책방 어서어서를 운영하고 있는 양상규라고 합니다. 사장님이 운영하시는 책방에서 저희 서점에서 사용하는 읽는 약 책 봉투와 같은 콘셉트의 책 봉투를 사용하신다고 들었습니다. 저는 책 봉투를 상업적으로 사용하는 걸 수락한 바가 없습니다. 또 사장님께서 저를 잘 안다고 하셨다는 이야기를 들었는데, 저희가 아는 사이던가요?"

울산 책방 사장님은 본인이 어서어서에 한 번 들른 적이 있다며, 그때 이야기도 나누고 하지 않았냐는 말로 내 말문을 막히게 했다. 앞에서도 이야기했듯 어서어서에는 손님들뿐만 아니라 나도 이런 거 해보고 싶다는 책방 꿈나무들이 수시로 들렀다. 한 명 한 명 얼굴이 선명하게 기억나지는 않는 그들에게 친절하게 내가 터득하고 배운 바를 펼쳐놓은 최후가 이러한 모습이란 말인가. 아니, 엉뚱한 곳으로 원망이 흘러가선 안 됐다. 그가 정말 나를 찾아온 사람 중 한 명이었는지조차 확실하지 않았다.

실제로 어서어서에 연락을 취해 공식적으로 허락을 구한 경우 외에, 어물쩍 읽는 약 책 봉투를 엇비슷하게 흉내 내 사용한 곳이 이곳 말고도 더 있으리라 조심스레 넘겨짚는다. 하나하나 찾아가 따질 전투력도 부족하고, 무엇보다 대처하는 데 쓸 열정을 모아 우리 어서어서 읽는 약 책 봉투를 더 다양하고 많은 사람들에게 알리는 데 집중하고 싶다. 하지만 어서어서를 위시한 책방의 등장은 그 자체로 위협이다. 직원 두기를 망설이고, 체인점 형태의 책방 운영을 단호하게 거절하면서 지키고자 한, 나 양상규이자 책방이고, 책방이자 양상규인 어서어서였다. 알지도 못하는 사람이 자신의 책방과 어서어서를 연결 지으며 나도 모르는 사이에 어서어서의 이미지를 희석하는 것은 참을 수 없었다.

전화를 끝맺으며 나의 의사를 명확하게 전달했다. 더는 어서어서의 책 봉투를 모방하지 않으시길 바라며, 어서어서와 연관된 책방이라는 메시지는 절대 용납하지 않겠다고 이야기했다. 이후 결과는 확인하지 않았다. 당장 제도적인 대처를 할 수 없는 처지에서 계속 신경을 쓰고 싶지 않았다. 부디 부끄럽지 않은 선택을 하셨길 바랄 뿐이다.

거꾸로 나는 손님들이 반길 만한 책은 잘 보이는 곳에 놓고, 손님들이 발견해 주었으면 하는 책은 시선이 거쳐가는 자리에 돋보이게 둠으로써 손님들에게 말을 건다. 당신이 기다리던 책이 여기에 있어요. 이 책은 처음 보셨겠지만 읽어보고 싶을 거예요.

서점의 본질은
'책을 파는 곳'

손님들은 참지 않는다. 팔고 있는 도서들로 짐작하건대 책
방 사장 독서 취향이 나랑 비슷하다 싶으면 분명 있어야 하는
데 없는 책이 보이고, 그걸 사장에게 알려주고서야 개운한 마
음으로 가게 문을 나선다. 저것은 초등학생이 쓴 것인지 사장
이 쓴 것인지 무엇을 뽐내기 위해 걸어둔 것인지 알 수 없는,
책방 이름을 삐뚤빼뚤하게 쓴 액자를 보고서는 한 치의 망설
임 없이 선 자리에서 화선지를 길게 펼치고 무림의 고수 같은
아우라를 내뿜으며 일필휘지로 '어디에나 있는 서점, 어디에도
없는 서점'을 적어나가기도 한다. 사진에도 담고 싶고 눈에도

담고 싶고 마음에도 담고 싶은 책방의 아름다운 찰나를 바라본 시간까지 담아 따뜻한 그림으로 남겨놓고 홀연히 떠나는 손님도 있다. 어서어서를 찾을 때마다 최근에 읽은 것 중 마음에 남은 책 속 구절이 무엇이었는지 내게 묻고는 수만 팔로워의 사랑을 받는 특유의 필체를 십분 살려 정성껏 적어주는 손님도 있다. 손님들이 남긴 모든 흔적은 어서어서 곳곳에서 어서어서와 함께 세월을 쌓아간다.

시작할 때만 해도 내가 좋아하는 책이 전부였다. 그도 그럴 것이 내 것이었던, 내가 읽은 내 책을 가지고 나와 중고책으로 판매했던 것이 어서어서의 시작이었다. 내 목소리로 가득한 책방이었던 것이다. 어제 읽은 좋았던 책을 사람들과 공유하고 싶었고, 오래전에 읽었지만 언제 떠올려도 좋은 책이 세월에 묻혀버리기 전에 많은 사람들에게 알리고 싶었다. 처음에는 오시는 손님들에게 꼭 물었다. 처음부터 손님이 많았던 편이라고 이야기했지만, 지금과 비교하면 꽤나 한가로운 서점이었다. 어디에서 오셨어요, 경주에는 어떻게 오셨어요, 책은 뭘 좋아하세요, 지금 사신 책은 왜 고르셨어요, 저희 서점 어때요. 틈만 나면 질문을 던졌다. 그렇다. 나는 사실 몹시 수다스러운 데다가 사람들과 이야기하기를 무척 즐기는 사람이다. 할 일이 많아져서 바빠서, 또 책을 살펴보기 좋은 분위기를 만들어야 할 사장이 나서서 분위기를 깨뜨릴 수는 없으니 참느라 조용해졌다. 책방 사장 콘셉트에 아직 다 이르기 전, 경주까지 와서 우리 책방에 들러 책을 사 가는 손님들은 어떤 이들인지, 그들이 원하는 것은 무엇인지 파악해 앞으로의 계획을 세우느라 황망히 들뜬 날들이었다.

생각보다 순식간에 책이 팔려나갔다. 오랫동안 쌓아온 서재에 밴 이야기를 나눌 새도 없이 앞으로 팔 책을 입고하는 일이 급했다. 질문은 점점 잦아들었다. 서점이 손님으로 북적이고 나서부터는 조금만 미적거리면 고른 책을 계산하려는 손님이 줄을 섰다. 부지런히 성함을 물어 책 봉투에 쓰고, 계산을 하고, 틈틈이 제자리를 벗어난 책과 스탬프를 정리하고, 빈 서가에 책을 채우고, 새로 주문할 책을 고민하고, 며칠 사이 새로 도착한 책을 읽어보기에도 바빠서 점점 더 손님들과 대화를 나누기가 어려워졌다.

하지만 책에 관한 소통만은 꾸준히 이어간다. 그것은 말이나 글일 때도 있지만, 행위일 때도 있다. 손님들에게 요즘 읽는 책이 무엇인지 묻기도 하고, 거꾸로 손님들이 콕 집어 특정한 책을 찾기도 한다. 같은 제목을 여러 손님들에게서 들을 때가 적지 않다. 관심이 없던 책이라도 찾아서 살펴본다. 읽어보면 어김없이 흥미로운 책들이다. 결이 비슷한 사람들이 발견한 책들은 결이 비슷한 어서어서에 전시되고 역시 결이 비슷한 사람들에게 들려 길을 떠난다.

　손님들의 행위를 가장 구체적으로 보여주는 것은 역시 판매량이다. 시작은 내가 읽었으며 좋아하는 책이었지만 지금은 읽었으나 내 서재에는 없는 책들이 어서어서 책장에서 30% 정도를 차지한다. 이 30% 정도의 책이 어서어서 매출의 70% 정도를 차지한다는 점은 나에게는 사뭇 놀라운 일이다. 매출의 70%에 달하는 책들은 현재 손님들의 관심사나 손님들이 바라는 바를 보여준다. 내 서재에는 없지만 손님들이 원하는 책을 늘리면 매출이 늘어나겠지만 그런 어서어서에는 더는 내가 없을 것이고, 내가 필요하지도 않을 것이다. 반면 순전히 내 취향대로 어서어서를 채운다면 나의 개성을 더욱 뚜렷하게 드러낼 수 있겠지만 매출이며 손님들과의 소통은 상당 부분 포기해야 할 것이다.

　처음에는 내가 잘 모르는 책을 판다는 점이 낯설기도 했다. 꼼꼼하게 읽어본다고 결이 익지 않았던 책이 하루아침에 친숙해질 리 없었다. 내가 바라는 책방과 손님들이 기대하는 책을 적절히 조율하고 두 가지가 조화를 이루는 지점을 어느 정도는 나타냈다고 생각하는데, 삼 년이라는 시간 동안 손님들이 책을 고르는 행위를 듣고 보고 새로운 책을 들일 때마다 부단히 고민하고 생각한 결실이라고 믿는다.

경주에 올 때마다 들러 꼬박꼬박 책을 사 가시는 손님이나 잊을 만하면 들러 책을 한아름 안고 떠나는 단골손님들이 추천한 책은 더 고민할 것도 없이 믿고 입고한다. 서가 한 칸을 아예 단골손님이 추천한 책으로 채운 적도 있다. 단골손님의 취향은 책방 사장의 취향과 퍽 비슷해서 또 다른 단골손님도 그런 책은 금방 알아차린다.

거꾸로 나는 손님들이 반길 만한 책은 잘 보이는 곳에 놓고, 손님들이 발견해 주었으면 하는 책은 시선이 거쳐가는 자리에 돋보이게 둠으로써 손님들에게 말을 건다. 당신이 기다리던 책이 여기에 있어요, 이 책은 처음 보셨겠지만 읽어보고 싶을 거예요. 다수에게 관심을 끌기에는 다루는 내용이 특수한 분야나 관심사에 집중되어 있지만 내가 특별히 좋아하는 책들은 책장 제일 아래 칸, 좀처럼 눈길이 닿기 어려운 쪽에 꽂혀 있다. 많은 이들이 봐주었으면 더할 나위 없겠지만 눈 밝은 손님들이 보물찾기하듯 찾아내 카운터로 가지고 오는 순간을 기다린다.

갖은 애를 써본들 결국 좋아할 만한 사람들만 좋아하는 책이 있다. 특정한 대상에 관심이 있는 독자를 대상으로 만든 책을 다수에게 봐달라고 강요하는 것은 책방 사장의 욕심이며, 앞에서 이야기한 대로 버려야 하는 고집이다. 팔리든 팔리지 않든 상관없다는 마음으로 두었지만 내 서재 한쪽을 굳건하게 지키고 있는 책들이 바로 그런 책들이다.

한편 어서어서에서는 독서 모임이나 워크숍, 강연, 출간기념회, 작가와의 만남 등의 행사를 자주 여는 편은 아니다. 책을 사고파는 데 그치지 않고 여러 손님들과 한데 모여 직접 소통하는 자리를 다양하게 꾸미는 동네 책방이 많은 상황을 고려하면 어서어서는 독자들과 소통이 부족한 서점처럼 보일지도 모른다. 책방의 주요 기능을 무엇으로 할지 정하는 바에 따라 서점의 메인 콘셉트가 달라지는데 나는 우선 처음부터 책 자체에 집중하고 싶은 마음이 컸다. 처음 책방을 열어 책 파는 일 하나 제대로 해내는 것도 나에게는 매일매일 주어지는 도전이자 과제였다. 예상보다 많은 손님을 맞으면서 책이 순환하는 속도가 빨라지니 책 자체에 관해 생각하고 고민해야 할 시간은 더 늘어났고, 지금까지도 그 기준은 크게 달라지지 않았다.

책 관련 행사는 절대 사양한다는 강경한 고집은 아니다. 실제로 몇몇 책의 출간기념회나 저자와의 만남, 북토크, 작가와 함께 걷는 경주 밤 산책, 글쓰기 워크숍 같은 행사를 더러 진행했다. 작년 가을에는 개인적으로도 무척 좋아하는 이병률 작가의 신간 출간에 맞춰 출판사의 제안으로 게릴라 출간 기념 팬사인회를 열기도 했다. 지방 도시에서는 문화예술 관련 행사가 드문 편이라 평소에 이병률 작가를 좋아하던 독자들이 경주뿐만 아니라 울산, 대구 등에서 한달음에 달려와 한자리에 모여 뜻깊은 시간을 보냈다.

어서어서를 찾아오고 어서어서를 사랑해 주시는 손님 대부분은 사실 다른 도시에서 온 이들이다. 그럼에도 불구하고, 아니 그렇기 때문에 경주에 사는 사람들 그리고 경주에 얼마간 마음의 빚을 느낀다. 지역 서점이 해야 할 소임을 다하고 있는지 스스로에게 종종 묻는다. 어서어서가 가지는 힘의 상당량은 경주에서 비롯함을 잘 알기 때문이다. 하지만 나서서 행사를 주최하지 않는 이유는 자칫 책 자체에 소홀해질까 봐 우려하는 마음에서다. 행사를 기획하고 준비하고 진행하는 데는 퍽 대단한 공이 들고, 지금처럼 책방에 들어오는 모든 책을 다 파악하고 읽으며 책방을 운영하면서 병행하기에는 만만한 일이 아니다. 책 문화를 함께 누릴 여러 방법들은 나도 환영하는 바이며 지역 주민들과 다양한 방식으로 소통하길 원한다. 하지만 그건 책과 그 밖의 것을 모두 감당할 수 있게끔 단단하게 준비할 두 번째 어서어서로 잠시 미루어두려고 한다.

처음부터 지금까지 변하지 않은 것이 있다면 어서어서는 언제까지나 '책을 파는 곳'이었으면 좋겠다는 바람이다. 책 봉투의 인기가 날로 더해지면서 책 봉투만 따로 팔아달라는 요청을 수도 없이 받았지만 모두 거절했다. 누가 뭐래도 책 봉투가 어서어서의 트레이드마크임을 부정할 수 없겠으나 책 봉투는 어디까지나 책을 담기 위한 용도로 쓰이는 것일 뿐 어서어서에서는 책이 먼저고, 책이 중심이다.

다른 부수적인 것들을 옆으로 밀어두고 손님들과 책으로 소통하고자 오늘도 부단히 노력한다. 서점을 두 번째, 세 번째 찾은 손님들은 그새 더 빽빽해진 벽을 보고 놀라고, 더욱 가득해진 책에 놀라지만, "아직 그대로 잘 있네요"라고 밝게 웃으며 이야기하는 손님들에게는 왠지 조금 더 특별한 마음이 든다. 어디에서나 살 수 있는 책을 굳이 어서어서에 와서 산다는 것은 나에겐 커다란 의미다.

"오래 있어주세요."

이 말에는 마음이 하릴없이 뭉클해진다. 설령 힘든 순간이

닥치더라도 용기를 내어 버틸 수 있다면 그건 모두 어서어서를 찾았고 앞으로 찾을, 어서어서를 함께 만들어가는 모든 손님들 덕분이다.

어서어서를 찾은 손님들이 특히 제목을 보고 책을 고르는 데는 책 봉투도 한몫했다고 생각한다. 약의 효능은 명료할수록 좋다. 어디에 좋은지, 어떤 병을 낫게 하는지 명확해야 믿고 복용할 수 있다. 어디에나 있는 책이지만 자신의 이름이 적힌 책 봉투에 담기는 순간 명료하고도 자신에게 딱 맞는, 스스로에게 가장 필요한 처방을 내려주는 읽는 약이 된다.

읽는 약에 담긴
책의 의미

　사람들이 책을 고를 때 가장 많이 고려하는 것은 무엇일까.

　"뭐니 뭐니 해도 저자가 누구냐 하는 거지. 검증이 됐잖아."
"무슨 소리야. 주제와 콘셉트가 중요하지. 사람들이 지금 이 순간 관심을 가지는 키워드를 캐치해야 한다고." "어느 출판사에서 나왔는지도 중요해. 어떤 출판사들은 그 이름만으로도 믿을 만하잖아." "표지처럼 중요한 게 어디 있다고 그래. 서점 가봐, 그 산더미 같은 책 속에서 눈길을 사로잡는 건 결국 표지야, 표지." "끝내주는 제목 하나면 게임 끝이야. 지금 머릿속에 떠오른 그 베스트셀러들 잘 생각해 봐. 다른 제목으로 나왔으면 그만큼 나갔게?"

영원히 끝나지 않을 논쟁이다. 출판업계 사람들이 모인 자리라면 으레 등장하는 이야깃거리지만 누구 하나 시원스레 결론 지을 수 없는, 이제 그만 누가 답 좀 알려줬으면 하는 문제다. 하지만 누가 답을 알려준단 말인가. 이 책 저 책 집어 들어 살펴보다가 마침내 한 권을 골라 계산대에 선 독자조차 자기가 그 책을 고르는 데 결정적인 영향을 미친 요소가 무엇이라고 명확하게 선을 긋기 어려울 텐데 말이다. 설령 하나를 콕 집어 이야기한다 한들 구매로까지 이어지는 복잡다단한 의사 결정 단계를 들여다보면 결코 쉽게 단정 지을 수 있는 간단한 문제가 아니다. 배고플 때 쇼핑을 하지 말라는 말이 있다. 배고픔과 옷 쇼핑 사이에는 하등의 연관성이 없어 보이지만 심리학적으로 그렇다고 한다. 저자가 마음에 들어 책을 샀다고 한 사람의 의식과 무의식에 제목이나 표지, 출판사와 홍보 문구 등등 다른 것들이 어떤 식으로 영향을 미쳤을지는 쉬이 판단하기 어려운 것이다.

나는 표지를 보고 책을 고르는 사람에 가깝다. 구매로까지 이어지는 결정적인 힘을 발휘하는 것이 표지라고 말하기는 조심스러우나 처음 책을 집어 들 때나 고개를 돌려 한 번 더 바라보게 될 때는 대체로 표지가 인상적인 경우다. 초반에는 어서어서에서 판매할 책을 입고할 때도 서점에서 읽을 책을 고르던 독자로서의 마음가짐이 크게 분리되지 않았을 때라 의식적으로 여러 요소를 고려하면서도 표지에 절로 눈이 갔다. 다른 많은 사람들은 제목을 보고 책을 고른다는 사실을 알게 된 것은 어서어서를 운영하고 난 다음이었다. 조금 더 정확히 말하자면 어서어서를 찾는 손님들 가운데 다수가 제목을 보고 책을 고른다는 사실을 알게 되었다.

출판계에 한동안은 대충 살자는 메시지가 흘러넘쳤다. 열심히, 최선을 다해서, 빨리빨리 같은 문구는 과연 대한민국을 위해 태어난 표현이 아닐까 싶을 정도로 우리나라 사람들은 학생부터 직장인까지, 젊은이부터 중년 그리고 노년에 이르기까지 모두가 온 힘을 다해 살아왔다. 근면 성실이라는 개념이 국가로 발현하면 바로 그것이 우리나라가 아니었을까. 전 세계에서 근로시간이 길기로 선두를 다투었으니 과로사 공화국이라는 오명이 뒤따르는 형편도 이상하지 않았다.

하지만 번아웃이라는 말이 맥없이 나왔을 리 없다. 개인의 번아웃 못지 않게 집단의 번아웃도 무시무시했다. 계층 간 소득격차는 날로 벌어지고, 개인의 노력으로 계층을 이동하는 것이 갈수록 어려워진다는 점은 가뜩이나 남은 잔불을 힘겹게 지피며 간신히 견뎌내던 이들에게 찬물을 끼얹었다. 한두 명의 웅변이 아니었다. 트렌드에 예민한 출판 시장에서도 금세 그런 목소리가 터져나왔다. 적당히 벌어서 잘 먹고 잘살자는 메시지에, 죽고 싶지만 지금은 떡볶이 한 접시가 생각난다는 말에, 너무 열심히 살지 말자는 이야기에 대중은 열광했다. 남 생각 그만하고, 다른 사람 시선에 그만 동동거리고, 힘든 줄도 모른 채 하루하루를 꾸역꾸역 살아내는 데 끌려가지 말고 이제 그만 나를 돌보자고 했다. 모두가 같은 마음이었음을 확인하는 순간이었다. 서점에서는 여전히 대기업 입사 시험 가운데 하나인 적성검사 문제집이 불티나게 팔렸지만, 퇴사를 선언하는 이들의 목소리 역시 조금도 밀리지 않았다. 회사에 남아 있다고 한들 참을쏘냐, 필드에 남아 대환장 스토리를 생생하게 전하는 이들의 펜 끝은 싱싱한 한이 서려 선득했다.

제목을 서술형으로 길게 쓰는 것이 유행하면서 이러한 메시지들은 표지에 전면으로 드러났다. 평론가가 쓴 서평을 보거나 책을 펼쳐서 읽기 전에는 책에서 전달하고자 하는 메시지를 파악하기 어려웠던 예전과 비교하면 처음 본 책의 제목만으로도 책이 어떤 흐름을 추구하는지 가늠할 수 있는 지금이다. 단어의 조합이 아니라 설명하는 듯한 긴 문장형 제목은 비단 출판뿐 아니라 다양한 분야에서 드물지 않게 나타나는 현상이다. 〈흔들리는 꽃들 속에서 네 샴푸 향이 느껴진거야〉나 〈어떻게 이별까지 사랑하겠어, 널 사랑하는 거지〉 같은 노래 제목, 〈사이코지만 괜찮아〉, 〈밥 잘 사주는 예쁜 누나〉 같은 드라마 제목처럼 제목만으로도 분위기와 느낌을 솜씨 좋게 전달하는 콘텐츠들이 많아졌다. 매일매일 넘쳐흐를 정도로 쏟아지는 콘텐츠의 홍수 속에서 내용을 모두 파악해야만 좋아할 수 있는 콘텐츠들은 소비자에게 가닿기가 여간 험난하지 않다. 오래 머물지 않는 시선을 사로잡기 위해 제목으로 내용과 분위기를 충분히 전해야 한다는 판단이 섰으니, 달랑 여섯 글자로 된 말조차 세 글자로 줄여서 말하는 마당에 부러 길고 긴 제목을 정한 것이 아닐까.

어서어서를 찾은 손님들이 특히 제목을 보고 책을 고르는데는 책 봉투도 한몫했다고 생각한다. 약의 효능은 명료할수록 좋다. 어디에 좋은지, 어떤 병을 낫게 하는지 명확해야 믿고 복용할 수 있다. 어디에나 있는 책이지만 자신의 이름이 적힌 책 봉투에 담기는 순간 명료하고도 자신에게 딱 맞는, 스스로에게 가장 필요한 처방을 내려주는 읽는 약이 된다. 선물하는 책 봉투 속에 담기는 책의 메시지는 특히 더 명확해서 뭉클하다. 선물할 책을 골라 책 봉투에 적을 이름으로 다른 이의 것을 부르는 손님들을 보면 책이 향하는 곳이 어디인지, 그 마음이 어떠한 것인지 알 듯하여 감정이 따라가기도 한다. 연인에게 주려고 고른 책을 담은 책 봉투에 이름을 쓰면서는 함께 설레기도 하고, 상대방을 아주 잘 알 때만 선물할 법한 대중적이지 않은 주제를 다루는 책을 받아 들 때면 마음이 뜨듯해지기도 한다. 《엄마도 엄마를 사랑했으면 좋겠어》라는 책은 엄마와 함께 여행을 온 딸 손님들에게 특히 많은 사랑을 받았다. 딸의 마음에 감정을 이입한 탓인지 엄마의 마음을 어림잡은 탓인지 자주 가슴 언저리가 먹먹해졌다.

다시 돌아가서, 너무 애쓰지 말고 살자고 하는 책들은 꽤 오래 베스트셀러 순위를 장악했음에도 여전히 잘 나가는 편이다. 영원한 것은 어디에도 없어서 이제는 대충 사는 모습을 공격하는 책들도 드문드문 눈에 띈다. 대충 살 만큼 최선을 다했는지, 애쓰지 않고 살겠다는 마음이 한 번뿐인 삶을 헛되이 하게끔 방조하지 않는지, 가장 최선을 다해 지켜야 할 내 삶을 갉아먹고 있지는 않은지 한 번쯤 생각해 보라고 일침을 날린다. 정답은 없다. 어서어서에서 손님들이 고른 책들은 모두 조금씩 다른 방향을 이야기하고, 계산대에 선 나는 그 책들로 손님들의 서로 다른 생각을 듣는다. 정답은 없다. 우리는 모두 저마다의 고민을 짊어지고 한 걸음 한 걸음 내디딜 뿐이다. 너울거리는 바다에 뜬 배 위에서 악착같이 키를 움켜쥐려 하지도 말고 될 대로 되라며 모든 걸 놓아버리지도 말자. 돛을 달 바람을 기다릴 줄 아는 여유와 어느 바람에 돛을 달지 결정할 용기를 조금씩 모으다 보면 저마다의 길을 찾을 수 있지 않을까. 어서어서 가 그 길을 헤쳐나가는 데 힘이 될 딱 맞는 읽는 약을 처방하는 서점이 될 수 있도록 오늘도 진지하게 책을 고른다.

하나하나 다 말로 할 수 없어 서점 곳곳에 붙여둔 메모가 벌써 여남은 장이지만 아직 갈 길이 멀다. 또 써 붙이고, 또 이야기하는 것은 책을 읽고 책을 고르기 위해 이곳에 온 손님들에게 최선을 다하는 어서어서이고 싶기 때문이다.

때로는 까칠함도 필요하다

네티즌들 사이에서 종종 뜨거운 설전이 벌어지는 주제들이 있다. 손님의 진상인가, 사장이나 직원의 오만인가 하는 문제도 그중 하나다. 인터넷에서 사람들이 이 정도로 활발하게 소통을 하기 전에는 그저 비슷한 일을 하는 사람들끼리 술자리 푸념 정도로 늘어놓는 데 그쳤던 낱낱들이 이제는 광장에 전시된다. 네티즌 한 명 한 명은 재판관이 되어 자기의 의견을 또렷하게 말한다, 아니 적는다. 사람들이 무슨 생각을 하는지 궁금하다면 사람들이 무슨 말을 하는지가 아니라 사람들이 무엇을 클릭하는지를 보라는 유명한 외국 연구가 있다. 마우스가 향하는 본능에 비할 바는 아니겠지만 익명성을 뒤집어 쓴 사람들은 손가락을 열심히 움직여 순도 백 퍼센트에 가까운 의견을 온라인에 개진한다. 이 눈치 저 눈치 보지 않고 쏟아내는 말 속에서 우리는 어느 정도 중도를 찾아가는 듯 보이기도 한다.

그렇다면 책방 주인이 가져야 할 중도는 무엇일까. 우선 상식을 벗어나는 경우는 논외로 할 필요가 있다. 펜션을 흡사 쓰레기장을 방불케 하는 상태로 만들고 떠난 파렴치한 단체 숙박객들이나, 버려야 마땅한 식재료로 만든 음식을 판매하는 음식점 주인 같은 자들은 언급할 가치가 없다. 이런 소재가 논쟁거리가 된다는 것부터가 문제지만, 인터넷 댓글 창 곳곳에서 이러한 소모전이 이어진다는 점이 놀라울 따름이다. 논의의 대상이 되는 것은 사람에 따라 이해하기도 하지만 기분이 상하기도 하는 그런 애매한 문제들이다.

어서어서에서 책방 주인으로 내가 강조하는 것은 크게 두 가지로, 책을 읽고 있는 다른 사람들에 대한 예의 그리고 책과 책방에 대한 예의다.

책을 읽고 있는 다른 사람들에 대한 예의는 간단하게 말하면 '정숙'이다. 어서어서는 지금 경주에서 가장 붐비는 황리단길에 자리한 만큼 황리단길의 어수선함이 어찌할 도리 없이 출입문을 넘어 책방으로 스며든다. 안팎의 상반된 분위기를 완충하는 공간 없이 길과 책방이 유리 벽 하나로 나뉘다 보니 들뜬 감정과 목소리를 차분하게 할 겨를이 없다. 입으로는 한창 이야기꽃을 피우면서 한 손으로는 문을 열고 들어서는 손님들이 미치는 영향력이 특히 강력하다. 마침 서점이 쥐 죽은 듯이 조용할 때라면 황급히 하던 말을 멈추고 분위기를 살피는데, 서점이 조금이라도 어수선할 때라면 여기에서 자신의 목소리가 돋보임을 미처 파악할 새도 없이 책방이 전체적으로 왁자지껄해지기 십상이다.

"목소리 좀 낮춰주세요."

모두가 들릴 만큼 큰 소리로 말하고 나면 일순간 조용한 책방으로 돌아간다. 마지막 손님이 문을 열어둔 채로 들어왔다면 한마디 더해야 한다.

"마지막에 들어오신 분은 문 좀 닫아주세요."

문을 열어두면 인도도 없이 사람과 차가 내내 오가는 길의 소음이 그대로 전해진다. 황리단길에서 서점을 연 자로서 감내해야 할 숙명이다. 사람이 많은 주말에는 두 문장을 입이 아프도록 하고 또 하고, 또 하고도 거듭해야 한다.

내가 계산대에 서 있는 동안에는 내내 책을 읽고 있는 이유가운데는 책방 분위기 조성도 있다. 모르는 책은 팔지 않는다는 처음의 다짐을 고수하다 보니 하루가 다르게 불어나는 책을 읽느라 매번 허덕인다. 책을 정리하고 빈 서가를 채워 넣고 계산을 하는 등의 책방 일을 민첩하게 완수하고 남는 시간에는 무조건 계산대에 서서 책을 읽는다. 읽어야 할 책이 너무 많아서 온종일 들고 나는 손님들로 어수선한 와중에도 한 줄 한 줄 고집스럽게 읽어나가지만, 여기 있는 다른 누군가는 지금 책을 읽고 있음을 손님들에게 주지시키기 위해서 읽는 이유도 크다. 큰 소리로 조용히 해주십사 요청하는 것만큼 행동으로 보이는 것의 힘도 강력하기 때문이다.

책과 책방에 대한 예의를 이야기하기에 앞서 대형 서점 이야기를 잠깐 해야 할 듯하다. 몇 년 전, 대형 서점의 대대적인 리뉴얼이 세간을 떠들썩하게 했다. 대형 서점의 책 배치는 두 가지 영역으로 뚜렷하게 구분된다. 출간된 지 시간이 좀 지난 책들을 빼곡하게 꽂아둔 책장 그리고 표지가 전면으로 보이게끔 전시한 신간 위주로 전시한 평대. 하루가 다르게 신간이 쏟아지니 평대에서 자리를 지키는 것도 만만하게 볼 일이 아니다. 판매량이 조금 떨어진다 싶으면 가차없이 서가로 밀려난다. 출간되자마자 서가에 꽂히는 책들도 적지 않다.

책이 끝도 없이 꽂혀 있는 대형 서점의 서가는 그야말로 망망대해와 같아서 나침반 없이 나아가기는 버겁다. 특정한 책을 찾을 때를 제외하고는 쉬이 서가를 향하게 되지 않아 신경 써서 구성한 평대 위주로만 점점 더 살펴보게 된다. 제한적인 환경에서 서점의 큐레이션을 볼 수 있는 곳도 평대뿐이었다. 책장은 책의 무덤이라는 말이 괜히 나온 게 아닌 것이다. 대형 서점도 트렌드와 대중의 관심사를 살펴 조금씩 판에 박힌 구성에 변화를 주는가 싶었는데, 마침내 몇몇 서점이 대대적인 리뉴얼에 돌입했다. 독자들의 독서 경험을 한층 다차원적으로 끌어올리고자 인테리어와 공간 구성을 완전히 새롭게 꾸민 것이다. 신간과 구간으로 양분되어 있던 도서 분류 방식을 한층 다채롭게 하여 독자들이 책을 만나는 길을 여러 갈래로 열어주었고, 읽고 싶은 책을 가져와 읽을 수 있는 거대한 다인용 테이블을 한가운데 설치하고, 책장 틈틈이 그리고 매대 사이사이에 잠깐 걸터앉아 책을 볼 수 있는 소파와 의자 들을 놓아두었다. 사람들은 환호했다.

출판 관계자들은 대형 서점의 리뉴얼을 기껍게만 보지는 못한다는 이야기가 여기저기서 들려왔다. 서점이 큰돈 들여서 대공사를 하는 건 결국 책을 더 잘 팔아보자는 뜻일 텐데 출판사가 언짢을 건 또 무엇인가 싶을 테다. 예상하는, 아직은 예상하기 어려운 걱정들이 있겠지만 처음 나온 이야기는 손상되는 책에 관한 것이었다. 신이 모든 곳에 있을 수 없어서 어머니를 만들었다지만, 이 세상 어디에나 있는 것은 어머니도, 책도 아닌 커피다. 커피야말로 어디에나 있다. 수많은 사람들이 드나드는 대형 서점에서는 손님 하나하나에게 신경을 쓰기가 어렵기 때문에 상황은 더욱 심각하다. 물방울이 뚝뚝 떨어지는 아이스커피를 진열한 책 위에 올려놓는 사람도 있고, 한 손에는 커피를 들고 다른 한 손으로 책을 고정한 채 가까스로 넘겨보는 사람도 있다. 분명 그런 사람이 많지는 않지만, 언젠가 온라인에서 진상 손님 이야기가 나오면 꼭 떠오를 것 같은, 보는 책방 사장을 조마조마하게 만드는 사람이다.

하물며 본격적으로 앉아서 책을 읽을 수 있는 테이블과 의자가 있다면 이 공간을 이용하는 사람들의 자유로움은 한층 다채로워질 것이 틀림없었다. 마시던 음료를 흘린 책, 가운데를 꾹 눌러서 본 책, 책장이 접히거나 찢어진 책은 모두 출판사로 돌아간다. 한 종당 한두 권 혹은 서너 권에 그칠지 모르지만 수백 종의 책을 출간하는 출판사에게는 모이고 모여 엄청난 로스가 된다. 우리나라 대형 서점은 기본적으로 위탁 운영을 하고 있기 때문에 일어나는 현상이라 볼 수도 있다. 우리나라 대형 서점은 출판사에서 먼저 책을 가져간 다음 판매가 일어날 때마다 대금을 정산하는 방식으로 운영한다. 온라인 서점은 보통 판매하기 전이라도 입고하는 대로 정산을 하지만, 남은 책은 언제든지 반품한다는 점에서는 오프라인 서점과 온라인 서점이 매한가지다. 여기에는 손님이 훼손했거나 반품한 B급 도서가 당연히 포함된다. 대형 서점이 손님들로 하여금 자유롭게 책을 살펴보게끔 하는 환경을 조성할 수 있는 밑바탕에는 출판사가 감내하는 손해가 있는 것이다.

대형 서점이 우리나라 책 시장에 미치는 영향력이 상당해서 독자들은 그에 몹시 익숙한 듯 보인다. 작은 서점을 찾은 사람들은 대형 서점을 방문했을 때와 크게 다르지 않은 마음가짐으로 책을 대한다. 어서어서에 있는 모든 책은 중고라고 따로 표시한 것을 제외하고는 모두 새 책이며 판매용 책인데 견본 도서라고 생각하는 손님들도 있고, 꺼내서 보던 책을 아무 데나 던져놓는 손님들도 있다. 직원의 눈길이 닿지 않는 곳이 더 많은 대형 서점에서 훼손되는 책이 훨씬 많겠지만, 믿기 어렵겠으나 사장의 시선이 닿지 않는 곳이 없는 이 작은 어서어서에서도 책 손상은 끈질기게 거듭된다. 놀랍게도 작은 서점들만은 도서 위탁 판매와 반품에서 예외인지라 입고한 책은 모두 서점의 재산이다. 나는 운 좋게도 매출의 상당 부분을 차지하는 책의 출판사들과 직거래를 텄고 반품을 하기가 어려운 처지는 아니지만, 되도록이면 반품을 하지 않으려고 노력한다. 훼손되는 책이 생기지 않도록 신경을 곤두세우는 이유다.

몇 무리의 사람들이 들어왔다 나가고 나면 책들이 제자리를 잃고 여기저기 흩어져 있다. 팔려나간 책의 빈 자리도 채울 겸 '책이 많이 빠져서 정리 좀 하겠습니다'라는 팻말을 놓고 자리를 비우기도 하는데, 그러면 또 드물게 계산해 달라고 목소리를 키워 신경질을 내는 손님들도 있다. 책뿐만 아니다. 계산대에 놓인 나의 개인적인 물건들을 아무렇게나 만지고 아무 데나 두는 손님도 있고, 풍금을 만지지 말아달라는 뜻으로 주변에 놓은 장애물들을 기어코 치운 다음 앉아서 건반을 눌러보고 페달을 밟는 손님들도 있다. 페달을 밟아도 소리가 나지 않는 풍금인데도 말이다.

하나하나 다 말로 할 수 없어 서점 곳곳에 붙여둔 메모가 벌써 여남은 장이지만 아직 갈 길이 멀다. 또 써 붙이고, 또 이야기하는 것은 책을 읽고 책을 고르기 위해 이곳에 온 손님들에게 최선을 다하는 어서어서이고 싶기 때문이다. 저마다 생각하는 예의와 매너의 기준이 다르고 그래서 오늘도 인터넷 공간에서는 논쟁이 활활 불타오른다. 다시 말하지만 내 기준은 간단하다. 책을 읽고 있는 다른 사람들에 대한 예의 그리고 책과 책방에 대한 예의다. 그리고 어서어서에서는 그 선을 판단할 사람이 책방 사장인 나 말고는 아무도 없다. 오늘도 까칠한 사장의 소임을 다하는 필연적인 이유다. 필요하다면 더 까칠해질 것이다!

제 5장

계속해서,
지역과 함께하는
서점

경주도 황리단길은 처음이라

아무도 몰랐다. 능 뷰가 가져올 센세이션을. 아무도 몰랐다. 황남동 가겟세가 하루아침에 몇 배씩 뛰어오를 줄은. 아무도 몰랐다. 경주에 발굴되지 않은 관광 포인트가 아직까지 남아 있을 줄은 말이다.

경주는 우리나라의 대표 관광도시 했을 때 떠오르는 이름 가운데 어김없이 선두에 등장한다. 신라 천년의 도읍지라는 명성에 걸맞게 걸음걸음마다 유적지와 문화재가 산재해 있다. 둘러보면 다 문화재인데도 여전히 땅만 파면 유물이라 공사를 시작하려면 발굴 조사는 필수, 내일 또 어떤 새로운 유적지가 나올지 모르는 곳이 바로 경주다. 역사 교과서에서 글과 사진 으로만 보던 우리나라의 역사를 눈으로 생생하게 볼 수 있다는 점 때문에 세대를 넘어 오랫동안 수학여행 단골 목적지로 자리 매김했고, 부모님 세대에는 경주로 신혼여행을 오는 이들도 많 았다. 개발한 지 무려 50년이라는 기나긴 역사를 자랑하는 보 문관광단지도 경주의 이름값을 증명한다. 여행이 지금처럼 보 편화하기 전부터 이미 경주는 여행지로 손꼽히는 도시였다. 관광 포인트 근처의 대형 기념품 가게나 비슷비슷해 보이는 경 주빵 가게가 줄지어 늘어선 길에 세월이 묻어나는 이유다.

하지만 요즘처럼 붐비는 길과 도로는 경주에도, 경주 사람 들에게도 낯선 일이다. 그때는 단체 관광버스를 타고 온 단체 여행객들이 많았다면 지금은 불특정 다수의 개인 여행자가 부 쩍 늘었다. 그때의 관광객들이 불국사나 석굴암 같은 필수 관 광 코스 몇 곳을 돌고 정해진 대형 식당에 가서 식사를 한 다음 당일치기 혹은 길어봐야 이틀의 일정을 소화하고 돌아갔다면 지금의 여행객들은 보통 하루 이상 머물며 저마다의 방법으로 느긋하게 경주를 즐긴다. 여행의 중심에는 아무래도 경주에서 지금 가장 핫한 황리단길이 있는데, 색다른 휴일을 보내고 싶 어 하는 경주 사람들이나 한 시간 남짓한 가까운 도시 사람들 이 합세해 주말이면 사람과 차로 전에 없던 성황이다.

우선 시에서 황리단길 도로를 재정비하겠다고 발표했다. 원래는 차가 많이 다니던 길이 아니었다. 통행하는 차가 많아지면서 차도와 인도가 제대로 구분이 되어 있지 않은 탓에 아슬아슬한 상황이 펼쳐지기도 하는 모습이 보는 이들을 조마조마하게 한 지 오래다. 차도는 황리단길 북쪽 입구에서부터 남쪽으로 향하는 일방통행로로 정비하고 양쪽에 인도를 설치하는 보행환경개선 사업이 올해 진행될 예정이다. 반대 방향의 차로가 사라지는 셈이니 벌써 주변 도로 혼잡을 걱정하는 목소리도 있다. 그러나 현재 황리단길의 혼잡을 개선하고 통행하는 사람들의 안전을 확보하는 일도 중차대한 건 사실이다. 모쪼록 정책이 올바르게 시행되어 후유증 없이 좋은 효과를 거두길 바랄 뿐이다.

　O리단길이라는 이름을 얻은 이상 이 거리에 있는 우리 모두 역시 젠트리피케이션을 피해갈 수는 없다. 어느 날 갑자기 나타난 황리단길이지만 사실 대릉원이나 첨성대 등 여러 유적지와 가까워 여행 동선이 이어진다는 점에서 외따로 존재하는 길은 또 아니다. 변해버린 모습 때문에 하루아침에 사람들이 빠져나가 유령 도시처럼 변해버리는 골목이 되지는 않으리라는 자신감이 든다. 그럼에도 불구하고 임대료가 계속해서 오르고 어디에나 있는 군것질거리와 오락거리, 대기업 프랜차이즈 매

장 등이 우후죽순 들어선다면 지금 사람들을 끌어모으는 황리
단길의 분위기가 유지되기는 어려울 것이다. 그래서 재미있는
생각을 하고 재미있는 일을 벌이는 이 동네 사장들이 모여 신
경주프로젝트와 같은 컬래버레이션 마켓을 구상하기도 하고,
두 번째 어서어서에서 더욱 적극적으로 사람들과 소통할 방법
을 끊임없이 고민하고 있다. 시청에서 주재하는 각종 토론회
나 모임 등은 어쩐지 대단한 의견을 이야기해야 할 것 같고 거
시적인 논쟁의 장이 될 듯하여 참석하기가 부담스러웠는데, 젊
은 친구들이 만들어나가고 젊은 친구들이 즐길 수 있는 문화를
지키고 더 확장해야 한다는 생각에 불러주시면 참석하여 경청
하고, 젊은 친구들이 놓인 상황과 황리단길의 흐름도 종종 설
명한다.

옛날 드라마나 옛날 예능, 옛날 노래와 안무를 찾아보는 것
이 요즘 들어 유행처럼 번지고 있다. 자기가 태어나기도 전에
방영한 시트콤에 매료되어 1화부터 정주행을 하는 이들이 있
고, 옛날에 이 드라마 참 재미있게 봤었는데 하고 추억하며 빠
져드는 이들도 있다. 어제의 일이 오늘의 다른 일로 금세 잊히
는 정보 과잉 사회에서 이미 오래전에 휘발한 줄 알았던 영상
이나 사진 혹은 노래가 다시 사람들의 입에 오르내릴 때면, 많

은 사람들이 함께 공감한 것들은 예사롭게 사라지지 않음을 새삼 깨닫는다. 그런 점에서 종종 형태로 존재하는 공간이 알아보기 어려울 만큼 달라진다는 것은, 흔적도 없이 사라지기도 한다는 것은 꽤나 충격적인 아이러니다. 집이나 건물, 골목이나 심지어는 단지가 통째로 원래의 모습을 지운다. 거대한 형체로써 스스로를 지킬 줄 알았으나 형체로 말미암아 공간이 바뀌고 때로는 말끔하게 헐린다.

경주는 그대로다. 등록된 문화재와 유물 등이 하나하나 세기에 역부족이라 지역이나 군群으로 묶어야 할 만큼 역사 깊은 장소들이 무수하다. 덕분에 개발이 여의치 않아 비교적 도시가 제 모습을 잘 지켜나갈 수 있는 형편이다. 뜻밖의 구조물이 이따금 등장하기도 한다. 옛 흔적이 언뜻언뜻한 채로 터만 남은 황룡사지에 갑자기 우뚝 솟은 황룡사 역사문화관이나 불국사 앞에 들어선 고층 아파트를 바라보는 마음은 퍽 복잡하다. 원래의 것을 훼손하지 않고도 원래의 분위기를 바꾸어놓는 존재들을 바라보는 헛헛함이 나만의 것은 아닐 테다. 그럼에도 그대로인 것들 때문에 사람들은 다시 경주에 온다. 다시 경주에 와서 매번 다르게 느끼는 첨성대를 걷고, 능에 내린 다른 계절에 감동한다.

경주는 그대로이고, 앞으로도 그대로일 것이다. 경주에 더 필요한 것은 아무것도 없다. 젊었던 어머니와 아버지가 어색하게 웃으며 기념 사진을 찍었던 불국사 앞을 기십 년이 지난 지금 우리도 걷고 있다. 지금 존재하는 그대로를 만끽하고 누리는 기억과 추억이 앞으로도 변함없이, 경주를 지킬 것이다.

모든 동네 책방을 응원합니다

　　20세기에서 21세기로 넘어가던 시간은 서점에게 더욱 혹독했다. 대형 서점 집중화, 온라인 서점 전성시대를 거치며 학교 앞이나 동네에 하나둘씩 있던 작은 서점들이 하나하나 문을 닫다가 급기야 꽤 규모가 큰 중대형 서점들이 경영난을 이기지 못하고 폐점을 선언했다. 1995년에 전국 5400개에 달하던 서점은 십 년 만인 2005년에는 절반도 되지 않는 2000여 개로 줄었고 2015년에 남은 수를 세어보니 고작 1550개에 그쳤다. 전국이 월드컵의 열기에 떠들썩하던 2002년에 우리나라 대형 서점의 역사를 연 종로서적이 최종 부도를 알렸다. 육 년 후인 2008년에는 칠십육 년 전통을 이어오던 광주 삼복서점이 문을 닫았으며, 2009년에는 오십이 년을 살아낸 대전의 대훈서적이

영업을 종료했고, 부산 지역 대표 서점이었던 동보서적은 2010년에 마지막 손님을 맞았다. 모두 뿌리를 내리고 있던 곳에서 오래도록 자리를 지키며 지역 사람들에게 책을 살 때 가장 먼저 생각나는 곳으로, 길을 설명할 때 기준이 되는 건물로, 친구와 만날 약속을 정할 때 가장 먼저 떠오르는 만남의 장소로 여러 몫을 했다. 수십 년의 역사를 함께한 지역 사람들에게는 가히 추억의 한 부분을 지우는 일이었다.

간신히 버티던 시간이 십여 년에 이르자 책이며 서점, 출판 시장에 대해 남아 있던 일말의 희망이나 기대 같은 것들이 속절없이 증발했다. 길모퉁이 서점이라는 것은 이제 책에서나 볼 수 있는 장소가 되나 보다 하고 건너짚었다. 그때 동네 책방이 드문드문 하나둘 문을 열었다. 옛날 동네 서점들과는 어딘가 다른 느낌이었지만 판매하는 제품이 책이라는 점에서는 매한가지였다. "서점이라면 죄다 셔터를 내리는 마당에 왜 서점을 해요?"라는 질문은 동네 책방 사장이라면 거쳐가야 할 필수 Q&A 코스였다. 나도 마찬가지였다. 번화가에서 식당 잘하다가 뜬금없이 웬 동네 책방이냐는 질문을 참 많이도 들었다.

사람들의 우려에는 아랑곳없이 색다른 콘셉트의 책방이 문을 열었다는 소식은 하루가 멀다 하고 속속 날아들었다. 카페를 겸하는 책방, 책을 읽으며 마실 수 있는 술을 판매하는 책방, 워크숍이나 행사를 전문적으로 개최하는 책방, 숙박 서비스를 겸하는 스테이형 책방, 깊이 있는 상담을 통해 손님에게 필요한 책을 추천해 주는 일대일 맞춤 책 추천 서점 등 무궁무진한 아이디어들이 여기저기서 샘솟았다. 책 읽기에 따르는 경험을 먹을 것, 공간, 사회적인 교류, 심리 등으로 확장한바 독자들은 어제와 같은 책을, 어디에나 있던 책을 어디에도 없던 방식으로 저마다 다르게 경험하게 되었다.

동네 책방의 확산세가 눈에 띄기 시작한 지 오 년여가 지난 지금은 바야흐로 동네 책방 전성시대라 할 만하다. 서울이나 제주가 단연 앞서가지만 각 지역의 특색을 담은 책방들도 전국 곳곳에서 부지런하게 독자들에게 이야기를 건네고 있다. 규모가 작은 책방이 많아진다는 것은 곧 저마다 가진 특색을 드러내는 서점이 늘어남을 뜻했다. 작은 서점이 대형 서점처럼 보편타당한 책들을 팔 리 없었다. 적은 수의 책으로도 경쟁력을 갖추기 위해서는 자기만의 콘셉트와 철학, 개성은 필수였다. 물론 경쟁력을 갖추기 위함이라는 목표 전에 개개인의 서재가 모두 다르듯 개개인의 책방 또한 같은 모습을 하고 있지 않았다. 즉, 대형 서점이 최대한 많은 수의 판매 도서 리스트를 갖춤으로써 경쟁력을 가질 때 작은 책방들은 대형 서점에서 산더미 같은 책 속에 묻혀 미처 드러나지 못했던 책을 제 고유한 시선으로 찾아내 손님들에게 내보였다. 어디에나 있었던 책이었지만, 어디에서도 찾지 못했던 책을 발견하는 것이 동네 책방에 들르는 이유가 되었다.

업종(책방)의 낭만성과 다루는 제품(책)의 시의적절성은 대수롭지 않다는 듯이 시장의 규모가 크지 않고 소비층이 넓지 않다는 점은 여전히 동네 책방이 선 자리가 조금은 위태로움을 암시한다. 앞에서 이야기한바 워크숍 운영을 위주로 하는 서점이나 꽤 신경 쓴 커피를 파는 서점들처럼 책 이외의 요소를 택할 때는 여러 가지 이유가 뒤따르겠으나 서점을 꾸준히 운영하기 위해 안정적인 수입원을 확보하고자 하는 뜻도 있는 까닭이다. 실제로 운영의 어려움을 견디지 못하고 문을 닫는 서점도 많다. 틈날 때마다 각지의 서점을 돌아다니다 보면 여기는 오래 못 가겠는데 싶은 서점이 보인다. 자기만의 무기 없이, 어떤 결이나 개성을 고려하지 않고 무턱대고 책을 쌓아둔 곳에서 주로 그런 생각을 한다. 문제는 너무 좋아서 한눈에 반했던 서점조차도 없어진다는 사실이다. 어디에도 없는 뚜렷한 개성과 독보적인 큐레이션을 자랑하던 서점도 예외는 아니다. 한때 내가 좋아했던 작은 책방 몇몇도 지금은 없다. 안타깝다.

지척에 독립 서점이 있을 때는 가까운 지인들이 출간한 것 외에는 독립 출판물 입고를 대체로 사양했다. 먼저 그쪽 서점에 연락해 보셨는지 묻고, 입고에 실패했다는 답을 들은 책만 입고했다. 어서어서가 알려지면서부터 독립 출판물 입고 문의 메일이 그야말로 쏟아져서 입고 문의 메일을 아예 없애버리기도 했다. 동화책도 마찬가지다. 가족끼리 여행을 와서 아이에게 사줄 책을 고민하는 부모님들께는 어린이 책을 전문으로 취급하는 가까운 동네 책방을 소개해 드렸다. 어서어서에도 어린이 책이 조금 있지만 어른인 나도 좋아하는 적은 수의 책 몇 권일 뿐 어린이 손님을 맞이하기 위한 양은 아니다.

나의 사소한 철학이 어서어서를 비롯한 모든 책방이 내일도 모레도 근심 없이 문을 여는 데 조금이나마 도움이 되길 바라는 마음에서 삼 년째 지켜온 일이다. 모든 손님을 놓치고 싶지 않다는 욕심이, 모든 책을 갖추고 있겠다는 억지가 저마다의 특성을 드러내며 뻗어나가는 동네 책방에 제동을 거는 일이 아닐까. 전국 곳곳에도, 경주 곳곳과 황남동에도 책방이 더 많이 생겼으면 좋겠다. 책방이 많아지는 게 얼마 되지 않는 수익을 나누어 가지는 일이라고 생각하지 않는다. 책방이 많아지면 손님들이 자기와 맞는 책을 발견하게 될 기회가 더 많아질 테고 멀리 보면 독서 시장의 저변을 확대하는 일이 되리라 믿는다. 책방 안으로 믿어지지 않는 바닷바람이 불어오는 곳이 내일도 문을 열었으면 좋겠고, 성북동 골짜기에서 조용한 인디 음악을 배경으로 독립 출판물을 소개하던 책방이 다시 돌아왔으면 좋겠다. 시인의 시선으로 고른 시집을 보여주는 귀한 책방도 계속되길 기원한다. 어디에도 없는 서점들이 저마다의 반짝임을 잃지 않고 다시 한번 내일을 열길 바란다.

두 번째 어서어서, 이어서

중고책에 대한 미련이 남은 것이 분명하다. 돌고 돌아 두 번째 서점의 -현재까지는- 메인 콘셉트는 중고책으로 낙찰이 임박했다. 아직 자리도 계약하지 못했지만 이름도 벌써 정했다. '이어서'다. 두 번째 어서어서이자 어떤 것들을 이어준다는 뜻을 동시에 담고 있다. 이어서라는 문구가 떠오르자마자 이거다! 했다. 더 고민할 것도 없이 한 번에 마음에 들었다. 아무래도 작명 센스는 타고나는 게 틀림없다.

책방을 열겠다는 생각이나 읽는 약 책 봉투에 책을 담아주는 아이디어처럼 단숨에 결론이 난 일은 아니다. 삼 년 동안 어서어서를 운영하는 내내 두 번째 공간은 어떤 곳이어야 할지 고민했다. 잘될 때 다음을 고민하자는 인생의 모토에 충실해 책 봉투의 인기가 사그라들면 그때는 어떤 필살기를 준비해야 할지, 오롯이 책에 집중하는 어서어서에서 책 이상의 것을 다루는 일종의 복합문화공간으로 나아간다면 어떤 콘셉트와 프로그램을 갖추어야 할지 틈틈이 고민했다. 책 봉투의 인기가 생각보다 오래갔고 어서어서 하나 건사하기도 벅찰 만큼 손님이 많았기에 다음을 고민하는 일에 조금은 게을러지기도 했지만, 작정하고 앉아서 기획안을 쓰고 계획도를 그려보지 않았을 뿐 마음 한구석엔 항상 자리하고 있던 고민이어서 조각난 생각들은 수시로 떠올랐다.

초반에 생각했던 프로그램은 전시문화공간에 가까웠다. 병적으로 수집한 책, 만화책, 만화 피규어, 각종 문구류, 포스터와 굿즈 등을 콘셉트를 바꿔가면서 전시하는 작은 공간을 꾸미고 싶었다. 전시 공간에서 큰 수익을 기대하기는 어렵겠으나 어서어서에서는 책 자체에 집중하느라 하지 못했던 일들을 이 공간에서 시도해 볼 수 있지 않을까 생각했다. 북스테이도 떠오른 아이디어 중 하나였다. 이 층짜리 건물에서 일 층에는 책방, 이 층에는 거주 공간을 갖추어놓고 문화예술 관련 분야 아티스트들에게 신청을 받아 일정한 기간 동안 거주 공간을 빌려주고 일 층 책방을 자신의 서재와 동일하게 큐레이션하여 꾸며 달라고 요청하는, 거주 공간에 거주하는 사람이 누군지에 따라 책방이 계속해서 모습을 바꾸는 형태를 그렸다. 경주에 머물면서 작품 활동을 하고 싶어 하는 이들에게 거주 시설을 제공하고, 그들이 읽는 책과 만든 작품을 전시해 누군가의 서재를 콘셉트로 하는 책방을 여는 것이다. 어서어서가 내가 고르는 책들로 어떠한 결을 견고하게 쌓아나간다면, 이어서는 거주 아티스트에 따라 결이 변하는 모습을 흥미롭게 내보이는 재미있는 공간이 되리라 기대했다. 작은 지방 도시인 경주에서는 전시회랄 게 열리는 일이 드물었는데 전시회를 보기 위해 서울로, 제주로 부지런히 다녔던 나로서는 내내 그 점이 아쉬웠다. 경주에서도 훌륭한 전시를 기획하고 개최할 수 있음을 보여주고 싶었다. 미술계의 대단한 거장을 초청하기는 어렵겠지만 구석구석에서 자기만의 색깔을 만들어가는 데 여념이 없는 수많은 평범한 아티스트들의 잠재력도 못지 않다고 생각한바 동네 아티스트의 발견, 일명 동아발 프로젝트에 관해서도 틈만 나면 궁리하던 차였다.

전시를 기반으로 하는 프로그램이 쉽게 수익을 내기 어려우리라는 점을 충분히 예상하면서도 두 번째 어서어서를 생각하며 전시라는 키워드를 항상 중심에 놓았던 이유는 책에 집중하느라 어서어서에서 해보지 못했던 생각을 펼쳐보고 싶었고, 다양한 분야의 여러 아티스트들과 교류하며 책을 너머 더 넓은 분야와 소통하고 싶었기 때문이다. 반드시 수익을 내야 한다는 압박감이 없었기 때문에 가능했던 구상이기도 하다. 처음 어서어서의 문을 열 때 은화수 식당이라는 안정적인 수입원이 있어서 수익에 얽매이지 않고 상상하던 것들을 마음껏 시도해 볼 수 있었듯, 두 번째 어서어서를 준비하는 지금 또한 안정적으로 수익을 내고 있는 첫 번째 어서어서에 의지하는 바가 크다. 물론 은화수 식당처럼 첫 번째 어서어서를 누군가에게 넘기거나 문을 닫을 일은 결코 없겠지만 말이다.

순탄한 날들이 계속되던 어느 날이었다. 누구도 예상치 못했던, 난생 처음 들어보는 전염병이 무섭게 퍼지면서 돌연 경주를 찾는 여행객의 발걸음이 뚝 끊어졌다. 모든 계획은 원점으로 돌아갔다. 두 번째 어서어서를 구상할 수 있었던 근거인 어서어서의 안정적인 수입이라는 것이 하루아침에 사라진 것이다. 2019년 하반기부터 한창 열심히 새로운 가게 자리를 찾으러 다녔는데, 그도 멈추었다. 나도, 어서어서도, 황리단길의 다른 가게들도, 길을 지나다니는 사람도 모두 멈췄다.

사고가 정지했다. 두 번째 어서어서는커녕 지금 있는 첫 번째 어서어서의 존폐마저 불투명해졌다. 코로나19는 언제 잠잠해질지 알 수 없었고, 사람들이 언제쯤 일상으로 돌아갈 수 있을지도 가늠하기 어려웠다. 몸을 한껏 움츠러들이고 세태를 살폈다. 황리단길이 멈춘 것이 한 달 정도, 어서어서에 다시 손님이 북적인 것이 거의 만 두 달이 지나고 난 다음이었다. 이대로 어서어서의 문을 닫게 되는 줄로 알았는데 손님들이 다시 문을 열고 들어오기 시작했을 때는 감정이 북받칠 정도였다.

오랜만에 들이닥친 손님들을 정신없이 응대하면서, 그동안 미루어두었던 두 번째 어서어서에 대해 다시금 생각하기 시작했다. 생각에 변화가 있었다. 지금부터는 어딘가에 기대지 않고 스스로 설 수 있는 구조를 갖춘 두 번째 책방을 궁리해야 했다. 여러 고민 끝에 경주 사람들 그리고 경주에 여행을 온 사람 모두를 대상으로 하는 중고책 판매 및 대여 전문 서점 '이어서'의 초안이 완성되었다.

황리단길에서 책방을 운영하면서 마음 한구석에는 항상 경주 사람들에 대한 빚이 남아 있었다. 오래된 경주를 그 모습 그대로 지키고 싶다는 마음으로, 경주에 새로운 흐름을 만들어내는 황리단길이 처음의 개성 있고 재미있는 모습을 잃지 않고 오래 유지되었으면 하는 바람으로 황남동에 자리를 잡고 서점

문을 열었지만, 어쩐지 서점을 이용하는 사람들은 여행객이 압도적인 다수를 차지했다. 경주 사람들은 황리단길 자체에 오래 머물지 않았다. 잠깐 일이 있어 들르더라도 밥을 먹고 커피를 마시면 서둘러 떠났다. 수험서나 학습서가 아닌 단행본을 본격적으로 판매하는 서점이 드문 경주에서 책을 손으로 직접 만져보고 두 눈으로 실물을 살펴보고 사고자 하는 경주 사람들이 가장 먼저 떠올리는 서점이 되길 바랐지만, 경주 사람들에게는 여전히 존재감이 크지 않은 어서어서인 것이 사실이다.

중고책에 대한 수요는 처음 어서어서의 문을 열어 내가 가지고 있던 책들을 팔 때 이미 확인한 바 있었다. 새 책보다 적게는 30~40% 정도 저렴하고 많게는 정가의 절반에 한참 못 미치는 높은 할인율에 판매하는 중고책에 사람들은 훨씬 쉽게 지갑을 열었다. 여행 첫 날 어서어서에서 산 책을 여행 마지막 날 돌려준 손님도 있었는데 환불을 해달라는 뜻이냐 물었더니 그게 아니라 그냥 다 읽어서 돌려주고 가려는 것이라 했다. 빌려드린 게 아니라 돌려받을 필요도 없다고 말씀드렸지만 짐이 무거워 두고 가겠다 하여 중고책으로 표기해 다시 판매했다. 종종 경주에 사는 손님들이 중고책을 좀 보내도 되겠냐는 문의를 해올 때도 있다. 중고책을 매입하는 가까운 서점이라 해도 대구까지는 가야 하는데, 여러 가지로 번거롭고 성가시니 서점과 어울리는 책이 있는지 대충 살펴보고 팔 게 있으면 팔아달라고 말이다. 어서어서의 서가를 잘 살펴보면 몇몇 책에 책등 가장 위, 제목 바로 위에 작은 빨간색 동그라미 스티커가 붙어 있는데 이는 중고책이라는 뜻으로 어서어서에서 새 책과 구분하기 위해 표시를 하는 방법이다. 이렇게 종종 대중없이 들어오는 중고책들을 판매하기도 하지만 어서어서에서 취급하는 주요 품목은 아니다.

중고책을 취급할 때는 책을 매입하고, 리스트를 정리하고, 책 상태에 따라 합당한 가격을 매기는 일이 꽤 과중하다. 대여까지 생각한다면 일은 더 늘어난다. 내가 부담할 수 있는 범위를 벗어난다. 이어서에서는 총괄 매니저를 두어 이 모든 일을 맡길 요량이다. 내가 계속해서 어서어서를 지키기 위해 이어서는 믿을 만한 이를 찾아 그에게 전적으로 맡기려고 한다.

경주 사람들이 집에 있는 책을 처분하고 싶을 때 먼저 떠오르는 곳이 이어서가 되길 바란다. 가벼운 마음으로 들러 가벼운 마음으로 책 한 권 골라서 나갈 수 있는 곳으로, 여행 내내 읽을 재밌는 책 한 권을 빌릴 곳으로 사람들의 머릿속에 떠오르면 좋겠다. 사람들의 손을 거쳐간 책이 그 책을 읽은 사람들을 이어주는 끈이 되어 경주에서 다시 한번 새로운 책 문화를 이끌어내길 바란다. 어서어서에서 멀지 않은 곳, 봉황대고분이 내려다보이는 근사한 창이 있는 곳에서 시작할 두 번째 어서어서, 이어서의 이야기가 곧 막을 열 예정이니 많은 기대 바란다.

어디에나 있는 서점
어디에도 없는 서점

2020년 09월 21일 초판 01쇄 인쇄
2020년 09월 28일 초판 01쇄 발행

지은이   양상규

발행인   이규상
편집인   임현숙
책임편집   김민영
진행   신혜진
편집2팀   박은경 강정민
디자인팀   손성규 이효재
마케팅실   이인국 전연교 윤지원 김지윤 안지영 이지수
영업지원   이순복
경영지원   김하나

펴낸곳   (주)백도씨
                출판등록   제2012-000170호(2007년 6월 22일)
                주소   03044 서울시 종로구 효자로7길 23, 3층(통의동 7-33)
                전화   02 3443 0311(편집) 02 3012 0117(마케팅)
                팩스   02 3012 3010
                이메일   book@100doci.com(편집·원고 투고) valva@100doci.com(유통·사업 제휴)
                포스트   http://post.naver.com/black-fish   블로그   http://blog.naver.com/black-fish
                인스타그램   @blackfish_book

ISBN   978-89-6833-275-3   03300
한국어판 출판권 ⓒ (주)백도씨, 2020, Printed in Korea

이 도서의 국립중앙도서관 출판예정도서목록(CIP)은 서지정보유통지원시스템 홈페이지(http://seoji.nl.go.kr)와
국가자료공동목록시스템(http://www.nl.go.kr/kolisnet)에서 이용하실 수 있습니다.
(CIP제어번호: CIP2020038411)